"GUERRE ET PAIX"

DE TOLSTOÏ

AU POINT DE VUE MILITAIRE

PAR

le Général DRAGOMIROFF

PARIS
LIBRAIRIE MILITAIRE DE L. BAUDOIN
IMPRIMEUR-ÉDITEUR
30, Rue et Passage Dauphine, 30

1896

“GUERRE ET PAIX”

DE TOLSTOÏ

AU POINT DE VUE MILITAIRE

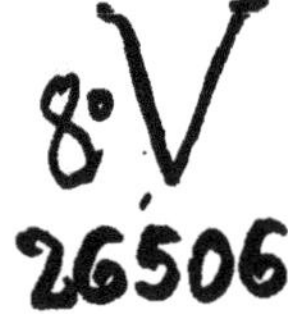

PARIS. — IMPRIMERIE L. BAUDOIN, 2, RUE CHRISTINE.

"GUERRE ET PAIX"

DE TOLSTOÏ

AU POINT DE VUE MILITAIRE

PAR

le Général **DRAGOMIROFF**

PARIS
LIBRAIRIE MILITAIRE DE L. BAUDOIN
IMPRIMEUR-ÉDITEUR
30, Rue et Passage Dauphine, 30

1896

"GUERRE ET PAIX"

DE TOLSTOÏ

AU POINT DE VUE MILITAIRE[1].

I.

Ce ne sont pas les livres militaires qui manquent, surtout depuis deux siècles. L'humanité non plus, sur un hémisphère comme sur l'autre, ne s'est guère montrée parcimonieuse du genre d'exercice qui fournit les matériaux de la littérature militaire. Et pourtant nous ne savons rien, ou pas grand'chose, du drame intime, des phénomènes, qui se déroulent dans l'âme humaine sous l'impression du danger. Il y a, sans doute, bien des raisons, et des raisons sérieuses, pour qu'une ignorance aussi fondamentale ait pu subsister, malgré le rôle important de la guerre dans la vie des peuples. Mais les conséquences de cette ignorance n'en sont pas moins fâcheuses pour l'étude de la guerre elle-même, ou, à proprement parler, au point de vue de l'état d'avancement des idées qui s'y rapportent. Il est hors de conteste, en effet, que toute conception erronée des phénomènes moraux connexes à n'importe quel mode d'activité humaine est nuisible aux progrès de cette activité. En ce qui concerne la guerre, c'est frappant. N'y a-t-il pas eu des époques entières dont le *credo* consistait à juger de l'excellence d'une troupe par la virtuosité avec laquelle les masses reproduisaient des figures géométriques en ligne droite

---

[1] Traduit du russe, par M. le commandant Moulin, attaché militaire à l'ambassade de France à Saint-Pétersbourg.

ou en équerre, où l'automatisme était considéré comme la première qualité du soldat pour la guerre? A quoi donc attribuer d'aussi énormes absurdités, si ce n'est à l'ignorance complète de ce qui se passe dans le cœur de l'homme sous l'impression du danger au moment où il est appelé à agir en masse sur le champ de bataille?

Dira-t-on, et c'est une objection que feront peut-être bien des gens qui ne sont pas militaires, que le côté psychologique de la guerre n'a pas attiré l'attention des chercheurs, parce que la guerre elle-même ne mérite pas d'être sérieusement étudiée, parce qu'elle n'est qu'un reste de la barbarie appelé à disparaître, auquel succédera une ère de paix perpétuelle, où toutes les disputes se régleront à l'amiable? Voilà bien encore une suggestion dictée par l'instinct animal de conservation et qu'il nous est impossible d'admettre. Car, tout dans la nature est basé sur la lutte, et l'homme ne peut se placer au-dessus des lois de la nature quelles qu'elles soient. « La paix perpétuelle n'est possible qu'au cimetière », a dit Leibnitz. Il ne faut qu'une minute de réflexion sérieuse et impartiale pour reconnaître toute la vérité de cette pensée, et il n'est guère concevable qu'elle puisse jamais devenir un anachronisme.

Du reste, quand bien même la guerre devrait cesser un jour de jouer un rôle fatal et inéluctable dans le développement de l'humanité, ce ne serait pas encore une raison pour qu'elle ne méritât pas d'être examinée sous toutes ses faces par ceux qui ont le don de lire dans les profondeurs les plus intimes de l'homme, et de mettre ensuite le résultat de leurs observations à la portée de tous, que ce soit à l'aide d'une reproduction artistique ou d'une étude philosophique, peu importe. Car, la guerre, et rien que la guerre, évoque cette tension terrible et simultanée de tous les ressorts moraux de l'homme, en particulier de la volonté qui révèle toute l'étendue du pouvoir de l'homme, à un point qui n'est atteint dans aucun autre genre d'activité.

C'est en pure perte que les psychologues ont négligé jusqu'à présent les phénomènes qui se développent dans l'âme humaine sous les balles et les obus, et en face de dilemmes comme ceux que Napoléon a eu à résoudre à Marengo ou à Waterloo. Ils se sont privés par là des faits les plus précieux pour parvenir à la connaissance de l'activité morale de l'organisme humain. « Mais pourquoi donc les militaires ne s'en sont-ils pas occupés ? » demandera-t-on peut-être. Oh ! pour une raison des plus simples. Les uns, par suite d'un étrange préjugé, veulent que l'homme à la guerre ne soit plus un homme, mais un héros, et, par conséquent, qu'on cache aux profanes toutes les tortures des doutes, des hésitations, de la lutte contre l'instinct de conservation, par lesquelles passe inévitablement tout homme de guerre. Les autres posent pour des Jupiters tonnants et se sont donc bien gardés de présenter dans leurs Mémoires le travail de leur esprit et de leur volonté comme il s'est produit dans la réalité. On peut même dire qu'ils ne s'y sont préoccupés que d'une chose : c'est précisément de dissimuler avec le plus grand soin leur véritable *processus* mental. Prenez, par exemple, César et Napoléon. Lisez leurs Commentaires et vous n'aurez pas de peine à vérifier le fait que nous venons de signaler. Jamais ils ne se sont trompés. Jamais le doute ne les a tourmentés. Quand leur coup est manqué, ils s'en prennent au ciel, à l'eau, à tout ce que vous voudrez. Les éléments sont en faute, eux, jamais. Il existe, enfin, en troisième lieu, toute une classe de gens qui ne se sont jamais intéressés à ce qui se passe dans le cœur humain pendant une bataille, pour la bonne raison qu'eux-mêmes ne sont pas en état de se rappeler nettement ce qui se produit alors dans leur for intérieur et n'en ont peut-être jamais eu conscience.

Bref, les témoignages relatifs aux faits de guerre ne sont pas encore sortis, même à l'heure actuelle, de la période épique, où l'homme est enclin à transformer en merveilles les choses les plus ordinaires et à taxer d'héroïsme les actions les plus vulgaires, pour ne pas dire pire.

Nous voyons poindre, cependant, l'aurore d'une nouvelle ère où les faits de guerre seront envisagés, enfin, sous leur vrai jour, où les Agamemnon, les Achille et autres héros de la légende plus ou moins intéressants, devront quitter la scène pour céder la place aux hommes de la réalité, avec leurs hautes vertus et aussi leurs honteuses faiblesses, avec leur abnégation allant jusqu'à donner leur vie pour leurs camarades, comme avec leur égoïsme et leur ambition féroces les amenant jusqu'à livrer aux coups de l'ennemi ces mêmes camarades, s'ils les trouvent gênants ou antipathiques; un jour, capables d'escalader, sous les balles et les boulets, des murailles à pic sans avoir à attendre de secours de personne; une autre fois, prompts à tourner le dos et à jouer des jambes, si le premier drôle venu s'avise de crier : « Nous sommes tournés ».

Ici, comme en tout, il y a tout à gagner à être dans le vrai. Il ne faut plus que la théorie puisse se contenter de cette phrase, qui excuse tout : « c'est un hasard », alors que son devoir est précisément de chercher la meilleure façon de conduire les troupes et de pourvoir à leur organisation, afin de les soustraire le plus possible à l'influence perturbatrice du « hasard ».

Ce qui nous fait espérer que le moment de l'étude sérieuse des phénomènes de la guerre est arrivé, c'est l'apparition dans le domaine de la littérature militaire de deux ouvrages où l'on essaie de raconter les choses telles qu'elles ont lieu et non telles qu'elles devraient avoir lieu. Ces deux livres sont : *Guerre et Paix*, de Tolstoï, et *L'Armée française en* 1867, par Trochu. La parenté qui existe entre eux est plus grande qu'on ne peut le supposer d'après les titres. Elle résulte de ce que tous deux visent avant tout le côté intime des faits de guerre. Mais le dernier est, pour ainsi dire, le correctif et le complément du premier. Ce que le romancier, dans son rôle de philosophe d'emprunt, n'achève pas de dire, le militaire le dit jusqu'au bout. Il faut dire que ce militaire n'est pas le premier venu et que, non content d'avoir fait la guerre, il l'a méditée, après s'être préparé à cette méditation, non seulement par ses impressions personnelles, mais encore par le plus sérieux travail théorique.

C'est du roman de Tolstoï que nous nous occuperons en le parcourant sous le double point de vue auquel il est intéressant pour un militaire : d'une part ses descriptions des scènes de guerre et de la vie des troupes; d'autre part, ses tentatives de tirer de là quelques déductions pour la théorie de la guerre. Les descriptions, hâtons-nous de le dire, sont inimitables, et nous sommes persuadé qu'elles formeraient un complément des plus utiles à n'importe quel cours théorique sur l'art de la guerre. Quant aux déductions, elles sont au-dessous de la critique la plus indulgente, parce que l'auteur a commis la grande faute de tout juger en se plaçant à un seul point de vue; mais elles ne manquent pas d'intérêt, si l'on veut suivre la progression du développement des idées de l'auteur à propos de la guerre.

Au premier plan, l'auteur nous présente un magnifique tableau, emprunté à la vie militaire ordinaire, mais qui vaut bien dix toiles du meilleur peintre de batailles. Il n'y a pas un militaire qui, à sa lecture, ne se dise involontairement : « Tiens! c'est pris dans notre régiment. »

Un régiment d'infanterie vient d'arriver à Braunau, après une étape de trente et quelques kilomètres. Le commandant en chef le fait prévenir qu'il le passera en revue le lendemain, tel qu'il est en route. Les officiers supérieurs sont en proie à la plus pénible indécision, à propos de la tenue dans laquelle le régiment devra paraître. L'hésitation est longue. Enfin, après de sérieux conciliabules, on se décide pour la tenue de parade; car n'est-ce pas un principe « qu'il vaut mieux saluer plutôt trop que pas assez. »

Les soldats passent la nuit à se nettoyer et à astiquer, — après une étape de plus de trente kilomètres. Le lendemain, le régiment est prêt et si beau « qu'on ne le renverrait pas du Champ-de-Mars de Saint-Pétersbourg. » Tout flamblant neuf, tiré à quatre épingles, le chef du régiment passe devant le front, avec l'air rayonnant d'un homme qui accomplit l'un des actes les plus solennels de son existence..... Tout à coup arrive au galop un aide de camp; il certifie que l'intention du commandant en chef est de voir le régiment comme il est en route, exactement comme pendant les marches, c'est-à-dire avec les capotes, etc..., sans aucun préparatif spécial..... Changement de tableau! Le premier mouvement du commandant du régiment est de trouver le coupable qui a fait adopter la tenue de parade. C'est Mikhaïlo Mitritch, un des chefs de bataillon. C'est cet infâme Mikhaïlo, parbleu, je me le rappelle fichtre bien, qui a invoqué le premier le fameux principe emprunté à la sagesse des nations : « Mieux vaut saluer plutôt trop, etc... » « Je vous l'avais bien dit, mon cherrr, en tenue de route, par conséquent en capotes, etc... ». — Quant à se dire à lui-même qu'il était maître de ne pas suivre le conseil, le brave colonel n'en a pas même l'idée. Enfin, c'est décidé, on met les capotes.

Quand un subordonné craint d'être réprimandé, il éprouve un besoin insurmontable de réprimander lui-même ses inférieurs. Ici ça ne rate pas. Un soldat, ancien officier dégradé, est parti en campagne avec l'autorisation du même colonel de conserver une capote d'un drap plus fin et plus bleuâtre que l'ordonnance. Mais aujourd'hui cette dissonance vaut à son capitaine une vigoureuse enlevée avec toutes les aménités d'intonation et les termes choisis du bon vieux temps. Naturellement le soldat en attrappe les éclaboussures; mais c'est un gaillard qui a le mot pour répliquer. Tout le monde s'attend à ce qu'il soit menacé du Conseil, ou tout au moins vigoureusement rappelé à l'ordre pour avoir osé répondre à ses chefs étant sous les armes. Nenni! Le colonel ne s'emporte et ne laisse déborder sa fureur que lorsqu'il a affaire à des gens qui n'osent pas piper. Son ressort moral ne va pas au delà.

Mais voici que le planton en vedette crie d'une voix défigurée par l'émotion : « Il vient. » Le colonel devient cramoisi, court à son cheval, saisit l'étrier d'une main tremblante, plonge, se redresse, brandit son sabre et, avec un visage qu'illumine la béatitude et la résolution, tord sa bouche à demi ouverte, tout prêt à pousser son commandement. Le régiment, comme un oiseau qui secoue ses plumes, a un frémissement, puis s'immobilise.

« Gard' à vo. o. o. os! » crie le colonel d'une voix qui fait vibrer les âmes, et qui exprime tout à la fois son bonheur personnel, sa sévérité pour son régiment et son profond respect pour le commandant en chef.

Toute cette scène est d'une haute valeur instructive et place absolument le lecteur sur le terrain de la réalité. Voilà le chef d'une unité suffisante, sans être très grande, pour modifier parfois la tournure d'une grande bataille, à condition qu'elle soit en de bonnes mains. Peut-on admettre qu'il soit préparé à conserver son calme en face du danger? A-t-il assez le sentiment de sa dignité personnelle et de son indépendance morale pour assumer l'initiative et la responsabilité d'une décision dans un de ces moments critiques où tout peut être perdu si l'on attend après un ordre? Qu'en pense le lecteur?

Il n'y a pas un chef consciencieux et sincère qui, après s'être regardé dans ce miroir, ne soit amené à faire un retour sur lui-même, retour fructueux, si, après avoir reconnu en lui-même des travers analogues à ceux de ce colonel, il réussit à s'en débarrasser.

Et voyez, d'autre part, quelle puissance suprême l'art possède de tout concilier. Il met devant vous un homme vivant qui, à chaque pas, dans son propre métier, hésite et tremble comme un enfant. Pourtant il ne vous inspire pas personnellement d'antipathie. Son portrait artistique est si fidèle qu'on comprend sans peine que c'est le système qui a profondément modifié ses facultés originelles. Témoin Timokhine, qui a perdu deux dents d'un coup de crosse devant Izmaïl, qui en a donc vu de raides dans sa vie et, une fois au feu, n'a peur de personne. Mais il devient tout tremblant dans l'attente d'une revue en temps de paix ; il n'a plus de voix pour répondre. A côté de cela, voyez cet aimable farceur de Jerkoff, un drôle qui jamais de sa vie n'a eu le cœur de remplir une mission, du moment où il fallait aller là où sifflent les balles et les boulets. En voilà un qui n'est jamais embarrassé de faire le beau parleur devant ses chefs, de raconter tout ce qui s'est passé là où il n'a jamais osé aller. Pas de danger qu'il se laisse oublier au moment de la distribution des récompenses pour actes de bravoure. Voici enfin ce turbulent de Dolokhoff, nature énergique et sans frein, qui ne se laisse nullement abattre d'avoir été dégradé au rang de soldat et dont l'auteur s'est servi comme d'une ombre dans son tableau pour mettre ses autres personnages *dans une lumière plus vive et faire* bien comprendre ce qu'ils sont et pourquoi ils sont comme cela et pas autrement.

Tel est le moule dans lequel le système d'alors pétrissait les hommes. Bénissons le ciel de le voir enfin relégué dans l'arsenal du passé. Grâce à Dieu, nous n'en sommes plus à nous imaginer que le meilleur moyen de maintenir une troupe en haleine, c'est de lui faire des remontrances sans fin pour la moindre vétille, au lieu d'en exiger que tous connaissent réellement et sérieusement leur affaire. Quel tapage autrefois pour un bouton mal cousu, une capote de mauvaise teinte, etc... Qu'on ne nous reproche pas d'agiter ces cendres du passé. On ne saurait trop couper ses chances de retour. Rien de plus salutaire que de se remémorer les erreurs, les entraînements d'antan. Il a fallu le chant du coq pour que saint Pierre comprît sa défaillance.

Autre enseignement. Voulez-vous savoir quelles conséquences peut avoir notre fausse conviction qu'il est impossible de débarrasser un régiment d'un drôle ouvertement, par les moyens que la loi indique, sans entacher l'honneur du corps ? On s'imagine généralement que tout est fini et bien fini, lorsqu'on a fait filer tout doucement le personnage en question dans un autre emploi et qu'on l'a oublié. Oui, peut-être au point de vue purement égoïste du régiment, tout est terminé par là et l'honneur de l'uniforme reste sauf. Mais c'est au point de vue plus élevé de l'intérêt général de la grande famille militaire, qu'il convient de se placer pour découvrir les conséquences pernicieuses de cette mutation furtive. Et ceux-là même qui l'ont favorisée frémiraient quelquefois en voyant les maux qui résultent de leur puéril préjugé sur le rapport qu'ils inventent, entre la bonne réputation du régiment et les vilenies d'une des individualités qui y comptent à un moment donné.

La scène n'est plus la même. Nous sommes dans un régiment de cavalerie. On y respire plus librement; les gens y sont moins traqués moralement. Ce n'est pas que leur spécialité, au point de vue du combat, les préoccupe très particulièrement; mais cependant ils sont moins embourbés dans les minuties, dans les riens sans rapport aucun avec la guerre. L'auteur nous introduit dans un petit cercle : Dénisoff — dans la suite le futur partisan Davydoff; Rostoff, aspirant sous-officier dans son escadron, et M. Télianine, officier au même escadron, venu par mutation d'un régiment de la Garde, avant la campagne, pour une raison sous-entendue. Il se tient très bien, mais les cœurs ne sont pas portés vers lui. Dénisoff et Rostoff s'absentent pour un instant de la cabane de paysan où ils sont cantonnés, en y laissant seul M. Télianine. Un instant après, M. Télianine sort à son tour. Un peu plus tard, Dénisoff rentre pour prendre sa bourse et ne la trouve plus. Chacun connaît la scène du roman : inutile de la reproduire. Le fait est que Rostoff pince Télianine dans une auberge avec la bourse de Dénisoff. Furieux, en jeune homme — et en garçon plein de droiture, — il le dénonce sur-le-champ au chef de régiment, en présence des autres officiers. Celui-ci lui lui donne un démenti, atteste que Rostoff ne sait pas ce qu'il dit. Les officiers se groupent autour de Rostoff pour le décider à faire des excuses à Bogdanytch; c'est le surnom du colonel. Rostoff s'entête. Son jugement n'est pas obscurci par de faux préjugés et il est convaincu d'avoir raison. Surtout il ne peut pas comprendre qu'un homme, qui sait pertinemment qu'il lui dit la vérité, puisse traiter cette vérité de mensonge.

Alors intervient Kirsten, un vétéran du régiment, qui a été deux fois dégradé à la suite d'affaires d'honneur et deux fois renommé officier. Il n'est que capitaine en second, mais ses cheveux grisonnent déjà. C'est lui qui se charge de changer les idées de Rostoff. Plein d'honneur, de droiture, sympathique au plus haut point, *inféodé* au régiment dont il a fait sa famille, sa patrie, son tout, c'est un de ces hommes qui ne comprendraient pas l'existence sans le régiment et sans lesquels le régiment ne serait pas complet. Personne ne peut avoir la prétention de concevoir mieux que lui l'honneur du régiment.

« ...Le colonel n'a plus qu'une seule chose à faire maintenant, n'est-ce pas ? C'est de faire passer l'officier en Conseil et d'entacher l'honneur de tout le régiment ? Parce qu'il y a eu une canaille, tout le régiment doit être déshonoré ! C'est là votre avis ? Eh bien ! ce n'est pas le nôtre, mon petit... Et à présent qu'on tâche d'arranger la chose ; vous faites vos embarras, vous ne voulez pas faire d'excuses, etc... »

Dans tout ce beau raisonnement, pas un mot qui ne soit une inconséquence. Et cependant les auditeurs du brave Kirsten trouvent que son petit discours est un chef-d'œuvre de logique. Rostoff lui-même finit par en être pénétré et surtout se sent touché au cœur par les reproches dont est agrémentée la suite de cette admonition toute paternelle, « qu'il fait sa *tête*, etc... »

A notre avis plus une société d'hommes est imbue du sentiment de l'honneur et plus elle doit, sans hésitation comme sans faiblesse, rejeter publiquement de son sein tout ce qui peut offusquer ce sentiment. Il n'y a que des voleurs qui cherchent à cacher un voleur. Un honnête homme qui fait cela devient en quelque sorte le complice du drôle. En quoi, je le demande, un régiment tout entier peut-il se considérer comme solidaire d'un monsieur qu'on lui a imposé, d'un monsieur qu'on a fait changer de corps pour tel, tel motif ? Pourquoi une action vile d'un seul officier *entacherait-elle l'honneur du régiment* ? Pour les soldats on ne fait pas tant de façons. On ne fait pas un mystère de leurs larcins. En somme, quand même on admettrait la solidarité du régiment tout entier avec un de ses membres qui est gâté, qu'est-ce qui constituerait, à proprement parler, le déshonneur, l'action vilaine, ou le fait que *le châtiment est public* ? Voilà Kirsten qui aurait flanqué une balle dans la tête du premier qui se serait avisé de le soupçonner d'un manque de sincérité, et c'est lui que l'on charge d'infliger à Rostoff un châtiment moral pour le punir de sa sincérité même, et qui lui reproche avec amertume d'empêcher qu'on aplanisse l'affaire ! Voilà un honnête serviteur, qui n'a pas un brin de pose, pour qui la vie ne vaut pas un centime. Mais il croit à cet aphorisme : « La faute n'existe pas du moment qu'on n'en parle point. » Voilà où en sont Kirsten et ses camarades, très probablement sans s'en être jamais doutés.

Il règne dans tout cela une erreur de jugement absolument inconsciente, mais par là même d'autant plus déplorable, et il est pénible de songer aux conséquences qui peuvent en être le résultat, plus souvent qu'on ne le pense. Continuons à suivre le développement des faits dans le récit de Tolstoï : A côté d'une logique échafaudée sur des préjugés, ce récit nous fait voir une autre logique, inexorable celle-là, la logique de la nature des choses, en vertu de laquelle toute action absurde engendre inévitablement des conséquences absurdes, qui sont le châtiment de l'absurdité originelle.

On blâme Rostoff comme si son emportement de jeune homme était le principal tort et non la vilaine action qui l'avait provoqué. Il n'aurait pas fallu qu'il s'y entêtât beaucoup, pour que l'affaire prît une très mauvaise tournure à ses dépens. Avec plus d'obstination à soutenir son point de vue, il se serait fait presque à coup sûr éliminer du régiment, tôt ou tard, et avec un certain éclat. Car à quoi bon mettre des gants avec un homme si peu sensible à l'honneur du régiment ?

Heureusement il cède : « J'ai tort, tout à fait tort ! Êtes-vous contents ? »

« A la bonne heure, s'écrie Kirsten en lui tapant sur l'épaule avec sa large main. »

« Tu vois bien, reprend Dénisoff, c'est un brave garçon. »

Ainsi Rostoff avait failli perdre sa réputation de « brave garçon », même aux yeux de Dénisoff, qui le connaissait pourtant bien et se sentait tout porté pour lui... Et tout cela parce qu'il avait traité de voleur un monsieur qui avait pris la bourse d'un autre sous son oreiller !

Mais l'histoire ne s'arrête pas là. Télianine est rayé des contrôles du corps pour raison de santé; il entre un peu plus tard dans les services administratifs. En 1807 nous le retrouvons au commissariat du quartier général. Le régiment de hussards, que la maladie a forcé M. Télianine de quitter, fait partie des unités qu'il est chargé d'approvisionner. Il remplit cet emploi avec tant de conscience que le régiment en est réduit à manger des racines amères, que les soldats appellent par euphémisme des carottes sucrées, et les chevaux ne se nourrissent qu'avec la pa .e des toits. Au bout de deux semaines d'un pareil carême Dénisoff n'y tient plus, et un beau jour il enlève un transport qui passait dans le voisinage à destination d'un régiment d'infanterie. Assurément le procédé est fâcheux. Mais sur cent chefs, qui aiment assez leurs soldats pour braver les risques d'une responsabilité, quatre-vingt dix auraient agi certainement comme lui, et leur justification serait certainement la même que celle de Dénisoff quand il va s'expliquer au quartier général : « Le pillard n'est pas celui qui prend des vivres pour empêcher ses soldats de mourir de faim, mais celui qui met l'argent des vivres dans sa poche. » Enfin, on consent à un arrangement amiable. Dénisoff donnera un reçu, comme s'il avait touché les vivres, qu'il a enlevés, dans les forme régulières. Mais, en allant faire ce reçu, il rencontre Télianine : « Ah ! c'est toi qui nous laisses crever de faim, etc... » Vous savez le reste. L'affaire prend cette fois une mauvaise tournure. Passe encore d'enlever le convoi, quoique tout un régiment d'infanterie en ait souffert. Mais insulter un des coupables le plus directement responsables de cet incident, ça passe la permission ! Du reste ce n'était pas un employé qu'il avait maltraité, mais deux, s'il fallait en croire le rapport de ces messieurs, et de plus il avait forcé la porte du commissariat en état d'ivresse. Plus d'hésitations, plus de ménagements : enquête et conseil de guerre. Dénisoff n'a plus qu'une issue pour éviter les comparutions, interrogatoires et autres récréations du même genre. C'est d'entrer à l'hôpital pour se guérir d'une blessure légère qu'il avait jusque-là soignée en restant à son corps. Beau sabreur, mais mauvais procédurier, la pensée de jouer le rôle de patient dans ce nouveau métier lui cause une frayeur intime, car il n'a pas la première idée des tours et détours qui pourraient lui permettre de se tirer d'affaire, sinon complètement, du moins avec le moins de frais possible.

Ainsi l'honneur du régiment oblige à épargner un voleur, qui en profite pour s'adonner à sa spécialité dans une sphère plus vaste, plus lucrative et surtout moins dangereuse. « L'honneur » du régiment s'achète au prix de l'existence de tous ceux qui succombent ensuite aux privations. Rostoff, qui a toutes les qualités voulues pour être un des membres les plus dignes du régiment, manque d'en être renvoyé. Enfin, un des meilleurs officiers est sous le coup d'un jugement et ne s'en tire que grâce à un heureux concours de circonstances qui empêche l'affaire de poursuivre son cours habituel.

On objectera qu'à défaut de Télianine, il y aurait un autre voleur à sa place; que tout ça est arrangé par l'auteur; qu'enfin à la guerre les privations sont inévitables. Nous ferons remarquer d'abord que c'est précisément parce qu'il s'agissait de Télianine que Dénisoff a eu l'idée de lui administrer un reçu à sa façon. A part cela, rien n'empêche de supposer que la place de Télianine eût pu être occupée par un honnête homme, si l'on n'avait pas laissé à Télianine la faculté de retrouver un emploi après sa sortie du régiment. Quant aux arrangements de l'auteur, nous n'avons pas à les lui reprocher, du moment où ils ont toute la vérité de la vie réelle. C'est la seule condition que l'on soit en droit d'exiger de lui, et du moment où elle est remplie, sa composition cesse d'être un arrangement pour s'élever à la hauteur d'un groupement artistique et véritablement esthétique de faits et de personnalités.

La marche du récit est des plus naturelles. Télianine entre dans les services administratifs, parce que tous les Télianine sont à la recherche d'une place où il y ait « de la gratte ». Comment refuser de l'y recevoir, du moment où ses états de services sont sans tache? Tout le reste va comme dans du beurre. La seule chose un peu forcée, c'est que Télianine tombe précisément dans le quartier général dont dépend le régiment de Dénisoff. Mais il n'y a là qu'une coïncidence des plus simples et des plus naturelles, comme on en rencontre fréquemment dans la vie commune; elle est donc parfaitement admissible dans un roman, et ce serait même ridicule de chercher noise à l'auteur pour cela. Tout lecteur qui interrogera ses impressions, ne trouvera rien d'inattendu dans la scène où Dénisoff vient déranger l'honnête commissaire des vivres. Quant à l'impossibilité d'éviter les privations à la guerre, nul ne la conteste; mais ces privations peuvent être plus ou moins grandes; tout est là, et, avec un gaillard comme Télianine au service des vivres, il est bien évident qu'elles seront extrêmes.

Tout le raisonnement qui précède n'a qu'un but : c'est de faire ressortir avec une clarté suffisante cette pensée que, sans de faux préjugés sur « l'honneur du régiment », l'organisme militaire éliminerait facilement et librement une certaine proportion de personnalités méprisables qui, après avoir été impliquées dans quelque affaire honteuse, continuent néanmoins d'appartenir à l'armée en lui causant un tort incalculable (qui tombe quelquefois même en particulier sur leur ancien régiment). Telle est pour moi la déduction logique et naturelle à tirer du récit absolument impartial de Tolstoï. L'auteur décrit sans le moindre procès de tendance le fait le plus simple, le plus ordinaire ; il n'y a pas le moindre effort de sa part pour insinuer au lecteur une conclusion plutôt qu'une autre. Et pourtant il est impossible de lire le récit avec un peu d'attention sans que son sens intime ne ressorte de lui-même. C'est là le meilleur témoignage que l'on puisse invoquer de sa valeur artistique.

Nous laissons là l'exposé des conséquences morales que l'indulgence observée vis-à-vis de Télianine pour sauvegarder « l'honneur du régiment » continue à avoir pour Dénisoff, parce que tous les lecteurs de « Guerre et Paix » se rappellent certainement son entrevue avec Rostoff à l'hôpital. Dénisoff en arrive à ne plus même penser à lui demander des nouvelles du régiment et de la marche générale des affaires. Il semblerait presque que ce sont pour lui maintenant des idées pénibles. Toute son attention est absorbée par les questions que lui adresse la commission et les réponses qu'il leur fait. Nous terminerons l'examen de tout cet épisode par une seule observation. Partant de ce fait que dans un combat les exploits d'une troupe dépendent en somme de deux ou trois hommes comme Dénisoff, nous demandons ce que l'honneur du régiment aurait perdu si une affaire sérieuse avait eu lieu pendant son absence, et, en fin de compte quelle eût été la cause première de cette absence, si ce n'est les égards immérités vis-à-vis Télianine, qui n'avaient profité qu'à ce drôle.

Je craindrais d'ennuyer le lecteur en insistant aussi longuement sur les autres scènes de la vie intérieure des troupes. Tous les personnages en sont typiques. Dolokhoff, Timokhine, sont appelés certainement à devenir des noms génériques, comme ceux de Nozdreff, Sobakiévitch, Maniloff et autres héros de Gogol. Je ne puis cependant passer aux scènes de guerre sans avoir cité un type merveilleusement dépeint par Tolstoï : celui des *officiers* avides d'avancement et qui sont à l'affût des voies les plus courtes et les plus faciles pour y arriver. Boris Droubetzkoï et Berg sont deux échantillons de ce genre, bien entendu avec les nuances que comportent leurs aptitudes et leur caractère national. Bien fine la remarque du premier que « dans l'armée il n'y a pas seulement la subordination et la discipline qui sont écrites dans le règlement, et que lui-même connaît du reste comme les autres, mais encore une subordination plus essentielle, celle qui a obligé le général à attendre respectueusement, lorsque le prince André, un simple capitaine, a préféré causer avec le sous-lieutenant Droubetzkoï. » Et avec quelle prompte, *inébranlable* et louable résolution Boris déclare vouloir se conformer désormais à cette subordination qui n'est écrite nulle part, et non à celle qui est inscrite dans le règlement.

Il n'y a malheureusement point d'armée au monde, du moins à l'heure actuelle, où cette subordination parasite ne soit en pratique, et il se passera encore bien du temps avant qu'elle ne soit déracinée, si l'on n'arrive jamais à l'extirper.

Berg, certainement, ne s'élève pas à des cimes aussi hautes. C'est un esprit qui ne plane pas ; mais à quoi bon, du moment où il a un truc, moins raffiné peut-être, et dont l'effet n'est pas aussi prompt sans doute, mais en tout cas infaillible aussi. Ce truc consiste à ne jamais perdre la carte, c'est-à-dire à rester coi devant ses chefs, quelque furieusement qu'ils tempêtent, quelque obstinément qu'ils posent des questions qui semblent provoquer une justification.

« Vous êtes donc sourd ? », rugit-il. Je ne bronchai pas. Eh bien ! imaginez-vous, Comte, le lendemain il n'en était pas question dans l'ordre. Voilà ce que c'est que de ne pas perdre la carte..... »

Impossible de ne pas aller loin, jeune homme, quand on a cette perspicacité et cet aplomb, même lorsque l'on ne serait pas ambitieux. Car vous voyez trop clairement, vous saisissez trop bien ce qui fait les avancements rapides.

Les scènes de guerre, chez Tolstoï, ne sont pas moins instructives : tout le côté intime du combat, pays inconnu à la plupart des théoriciens militaires et des praticiens de temps de paix, mais dont dépend pourtant le succès ou la défaite, est mis en relief au premier plan dans ses merveilleux tableaux. Il y a la même différence entre ses descriptions de batailles et leur exposé historique, qu'entre un paysage de maître et un plan topographique. Le premier donne moins d'objets et les présente d'un seul point de vue, mais sous une forme plus accessible à l'œil, plus parlante au cœur de l'homme. Le second donne tous les objets locaux et sous plusieurs faces; il présente le terrain tout entier sur une étendue de plusieurs myriamètres; mais tout cela en signes conventionnels dont l'apparence n'a rien de commun avec les objets qu'ils figurent. Voilà pourquoi tout y est sans mouvement, sans vie, même pour l'œil d'un adepte. C'est ce qui se produit aussi avec les exposés historiques de batailles; on y trouve bien les mouvements des divisions, mais rarement ceux des régiments, presque jamais ceux des *bataillons* : « On s'est avancé malgré la violence du feu, on a pénétré sur la position, on a culbuté l'ennemi ou on a été culbuté; les réserves ont soutenu, etc... » Quant à la physionomie morale et à la personnalité des chefs dirigeants, quant à leur lutte intime avec eux-mêmes et tout ce qui les entoure, avant de prendre chacune de leurs décisions, tout cela disparaît. Et d'un fait qui est la résultante de mille existences humaines, il ne reste que quelque chose dans le genre d'une pièce de monnaie très usée, où l'on distingue bien encore le contour d'une effigie, mais sans savoir de qui. Le meilleur numismate reste *à quia*. Il y a des exceptions sans doute, mais qu'elles sont rares! Et, en tout cas, il s'en faut qu'elles fassent revivre devant vous les événements, comme le ferait un tableau représentant ce qu'à un moment donné, un homme observateur peut apercevoir de son point de vue.

On dira peut-être que tous ces Touchine, Timokhine et autres, ne sont qu'une fiction née dans la tête de l'auteur et qu'ils n'ont point existé. Admettons; mais dans les exposés historiques aussi, on est bien forcé de nous le concéder, il s'en faut de beaucoup que tout soit vrai. Et comment ne pas reconnaître que tous ces personnages imaginés par l'auteur font comprendre le côté intime du combat mieux que la plupart des histoires des guerres les plus volumineuses, dans lesquelles les noms propres défilent sans les personnalités qu'ils désignent, et où aux noms de Napoléon, Davout, Ney, on peut substituer tout ce qu'on voudra, un chiffre, une lettre, sans rien changer à la description. Ces types « imaginés » vivent sous vos yeux et agissent de façon que leur activité devient une leçon féconde pour tous ceux qui, voulant se consacrer aux choses de la guerre, n'oublient jamais, en temps de paix, le but auquel ils se préparent. *Ceux-là en retireront des indications* pratiques de la plus haute valeur que nous n'hésitons pas à mettre à la hauteur de celles que nous ont laissées le maréchal de Saxe, Souvoroff, Bugeaud et enfin Trochu. Ajoutez à cela que, dans les tableaux de Tolstoï, ces indications se présentent, non sous la forme d'idées générales et abstraites, mais comme l'application de ces idées par des personnages vivants, dont vous pouvez suivre les gestes, les regards, les paroles. Et alors, le service immense que la méditation des scènes militaires de Tolstoï peut rendre à tout militaire qui a pris son affaire au sérieux, devient clair comme le jour. C'est ce que nous allons essayer de démontrer.

Pour un chef, l'épreuve la plus difficile et la plus terrible a toujours été et sera toujours la direction des troupes pendant le combat; non pas direction comprise dans le sens d'indiquer à chacun son rôle précis, — car c'est impossible et dénué de sens, en raison de l'incessante mutabilité de la situation pendant le combat; — mais direction exercée de façon que l'âme de chacun réussisse à mener à bonne fin ce que les circonstances exigent de lui.

Pour comprendre toute la difficulté de ce redoutable problème, il est bon de lire la peinture que fait Trochu de l'état moral des troupes avant le commencement du combat :

« L'élan, la bravoure, les facultés de l'esprit, enfin, ont leurs bons et leurs mauvais jours. Le souci des siens, de ses affaires, l'état moral, la santé, une température trop froide ou trop chaude, la fatigue, la faim, la soif influent, sans qu'on puisse s'y soustraire, sur la disposition avec laquelle chacun marche au combat. On sait qu'à l'époque des guerres du premier Empire, la bravoure de certains généraux, la confiance du soldat en luimême augmentaient, ou diminuaient, selon que l'Empereur était près ou loin d'eux. »

« .... Cette agitation intime, soigneusement contenue, reste latente pendant la *période des mouvements qui précèdent le* combat; quand la troupe pénètre dans la sphère où commencent à siffler les premiers projectiles tirés de trop loin et, par conséquent, peu dangereux, mais qui annoncent ce qui va se passer, les impressions des hommes se manifestent d'abord par un silence de mort. C'est, pour ceux qui les commandent, précisément le moment d'agir sur le soldat par une attitude calme, un mot dit à propos et venant du cœur. Dans les moments semblables, l'empereur Napoléon passait devant le front des troupes prêtes à engager le combat et leur adressait des paroles qui avaient le pouvoir d'électriser le soldat. »

Tout cela est juste et parfaitement exprimé. Mais pour comprendre l'importance pratique et le sens profond des conseils de Trochu, il faut ou bien avoir passé par le baptême du feu, ou bien s'enfoncer dans la lecture des quelques vestiges laissés dans la littérature par chaque ouragan de guerres, sous forme de Mémoires des témoins oculaires, d'instructions des principaux acteurs, etc., et encore savoir en tirer des déductions judicieuses, ce qui n'est pas donné à tout le monde.... Au contraire, le récit de Tolstoï traduit le même conseil en une image vivante et, par là même, le grave en caractères ineffaçables dans le cœur de l'homme le moins du monde habitué à penser à ce qu'il lit. Ce n'est pas tout : le récit indique, en effet, non seulement ce qu'il faut faire, mais encore comment cela se fait, étant données les facultés mentales et morales de l'exécutant. En ce qui concerne la question qui nous occupe, c'est-à-dire la direction des troupes pendant le combat, nous ne connaissons rien au-dessus des pages qui peignent Bagration pendant les premiers instants de l'affaire de Hollabrünn (ou Schöngraben).

La scène est d'une simplicité extrême et, par là même, frappante : les premiers coups partent ; Bagration « sur le visage bruni duquel, avec ses yeux à demi clos et ternes, comme s'ils étaient mal réveillés, » il est absolument impossible de lire « s'il pense, s'il ressent quelque chose et ce que cet homme pense et ressent dans cette minute », — Bagration s'approche d'un des points les plus importants de la position, la batterie du capitaine Touchine. Tous les rapports qu'on lui fait, tout ce qu'il voit, il le prend avec un air qui a l'air de dire : « C'est bien ce que j'avais prévu. » S'il parle, c'est en prononçant les mots avec une lenteur particulière, comme pour bien établir qu'il n'y a pas à se presser. Un boulet siffle à ses oreilles, après avoir tué sur place un cosaque de son escorte ; ses voisins se jettent de côté. « Le prince Bagration fronce le sourcil, regarde en arrière et, voyant ce qui a provoqué cette panique, se retourne de l'air le plus indifférent *comme pour dire : A quoi bon s'occuper de pareilles sottises !* et il arrête son cheval un instant pour dégager son épée qui s'est accrochée dans son manteau. » Il est difficile de mieux dépeindre l'idéal de cette possession de soi-même, calme et en quelque sorte contagieuse, qui se communique infailliblement à tous ceux qui se trouvent dans la sphère de son influence ! « Bagration demanda : De qui est cette compagnie ? En réalité cela voulait dire : Hé ! vous autres, est-ce que vous auriez déjà peur ? » Et c'est comme cela qu'on le comprit, et on reprit courage. « Le prince André écoutait avec soin les conversations du prince Bagration avec les différents chefs et les ordres qu'il donnerait et, à son grand étonnement, il s'aperçut qu'en réalité il ne donnait aucun ordre, mais que Bagration cherchait seulement à avoir l'air comme si tout ce qui se passait par nécessité, hasard ou initiative des chefs en sous-ordres, tout cela s'exécutait, sinon par son ordre, du moins conformément à ses intentions. Le prince André remarqua que, grâce au tact déployé par Bagration, bien que les événements fussent tout à fait accidentels et indépendants de la volonté du commandant en chef, néanmoins la présence de ce dernier produisait énormément d'effet[1]. Les généraux qui arrivaient avec le visage décomposé, reprenaient leur calme auprès de lui, les soldats et les officiers le saluaient allégrement, devenaient plus animés en sa présence et faisaient manifestement devant lui parade de leur vaillance.

Ce qui veut dire que Bagration, en chef expérimenté, comprenait que la première condition du succès dans un combat, c'est de tranquilliser ses gens ; qu'ensuite il faut soutenir et fortifier leur confiance en eux-mêmes. Et il fait l'un et l'autre. Par son calme de granit, il réprime l'inquiétude et l'agitation des autres ; il approuve toutes les mesures de ses sous-ordres et les déclare conformes à ses intentions, *quoiqu'au fond cela ne soit pas toujours vrai, afin de raffermir leur confiance en eux-mêmes.* Il comprenait qu'en se lançant dans la voie de la critique et des rectifications, il n'arriverait pas d'abord à remédier à tout, et

[1] A notre avis, c'est Bagration personnellement qui faisait tout et non pas sa seule présence.

qu'ensuite, chose plus grave, il agiterait et détraquerait tout son monde, les chefs comme les soldats. Le bon sens le plus élémentaire indique que, de deux hommes qui accomplissent une mission périlleuse, celui qui s'y prend un peu maladroitement peut-être, mais en tous cas avec résolution et assurance, a toujours plus de chances de réussir que celui qui, connaissant parfaitement la manière de s'y prendre, à côté de cela se défie de ses propres forces. Si l'inactivité apparente de Bagration a pu étonner le prince André, cela tient uniquement à ce que ce dernier s'était forgé une idée absolument opposée à la réalité de ce que peut et de ce que ne doit pas faire dans un combat le commandant en chef d'une troupe importante.

Malheureusement, le comte Tolstoï ne nous dit pas un mot des idées sur la guerre avec lesquelles son héros est entré en campagne; autrement l'étonnement du prince André produirait une impression toute différente de celle qui en résulte à première vue. Nous nous permettons de combler cette lacune et de rappeler l'époque à laquelle vivait le prince André, ainsi que la dose immense d'infatuation personnelle qui, à en juger d'après le portrait même dessiné par l'auteur, constituait un de ses traits caractéristiques.

Jusqu'au moment de la guerre, le prince André n'avait assisté, à coup sûr, qu'aux exercices militaires de temps de paix, réglés alors sur la stricte observance des formes frédériciennes, dans toute leur pédanterie, mais dépourvues du sens intime et de l'esprit qui faisaient toute leur valeur du vivant du grand roi. Ces formes, chacun le sait, consistaient à rétablir l'ordre déployé en partant de colonnes à distances entières et à faire mouvoir les lignes déployées, avec une précision idéale, « une pureté idéale », comme on disait alors. Gare! si une section tardait d'une demi-seconde pour entrer en ligne, ou si l'alignement se dérangeait pendant les mouvements au pas cadencé! Quelle explosion de fureur de la part des chefs, armés d'un pouvoir sans contrôle pour réprimer cet affreux désordre! On ne faisait aucun cas de l'énergie ni des autres qualités morales de l'individu; mais on mettait au premier plan les qualités purement extérieures, nécessaires pour obtenir l'idéal d'uniformité, de régularité, de précision des mouvements, savoir : chez le soldat, l'art d'exécuter tous ses mouvements exactement dans le même temps que les autres; chez l'officier et le chef, en plus, une voix de stentor et l'art de faire les commandements parfaitement en même temps que leurs égaux, ce qui réclamait bien entendu des répétitions spéciales comme pour chanter des chœurs. Les moindres mouvements exigeaient un commandement du chef supérieur, répété tout le long de l'échelle hiérarchique jusqu'aux exécutants immédiats. Déplacer, sans un commandement suprême, son bataillon, je ne dis pas de cent ou cent cinquante pas, mais même de cinq pas, eût été une licence tellement inouïe qu'elle ne serait jamais venue à l'idée d'un chef de bataillon d'alors, fût-ce même en rêve. Pour compléter le tableau, ajoutez une galopade continuelle et affairée d'aides de camp dans toutes les directions, pour transmettre les ordres et les remarques à propos des moindres détails et des plus petites irrégularités, et vous aurez le milieu ambiant dans lequel le prince André avait commencé son éducation militaire.

Nous avions, il est vrai, d'autres traditions purement russes, une autre tactique et d'autres enseignements, héritage de Souvoroff et de Roumiantzoff; mais, à l'époque où le prince André était entré au service, on les avait si bien mises sous le boisseau que personne n'y pensait plus. Il restait bien quelques personnalités qui avaient été formées à l'école de ces traditions, mais qui faisaient peu de tapage, probablement parce que le courant contraire était trop violent. Les uns n'avaient pas envie, les autres n'avaient pas le moyen de lutter contre lui, et ils se bornaient à conserver pour eux-mêmes le dépôt sacré que leur avait légué ce génie plein d'originalité, qui réveillait son armée en imitant le chant du coq, à la place de la diane réglementaire.

Quant à la préparation théorique que le prince André avait pu recevoir, rappelons-nous que c'était alors l'époque de la tyrannie des théories géométriques sur la guerre. On avait la prétention de ramener toutes les notions de stratégie et de tactique à quelques figures de géométrie, à les renfermer, en un mot, dans le cadre d'une science exacte et précise. Vouliez-vous avoir la supériorité sur le théâtre de la guerre? c'était bien simple : vous preniez une base enveloppante et un angle objectif de 90°; vous battiez en retraite par des lignes divergentes, vous alliez à l'ennemi par des lignes convergentes. S'agissait-il de vaincre sur le champ de bataille? Vous adoptiez l'ordre oblique ; en un mot, vous débordiez l'ennemi sur un flanc. Comme tout cela vraiment était simple et limpide ! Malheureusement, ce théories simples et limpides présentaient une lacune, oh ! bien mince. Elles négligeaient l'homme avec ses côtés moraux faibles ou forts. Bref, on se battait sur un tableau noir, avec des lignes et des angles, où les hommes n'étaient que de la craie. Il va de soi que plus ces théories se bornaient à n'envisager qu'un côté de la question, plus leur édifice prenait une apparence de logique rigoureuse et inspirait une confiance robuste à leurs adeptes, persuadés qu'ils connaissaient la guerre et la manière de la faire. Quand ils se heurtaient à des faits qui culbutaient leurs enfantillages de lignes et d'angles, ces Messieurs fatalement étaient amenés à conclure, non pas qu'ils avaient vécu dans l'erreur, mais qu'il y avait quelque faute dans la direction des affaires.

Cette déduction était encore plus inévitable chez un homme nourri à cette école, quand il était naturellement disposé à croire à son infaillibilité absolue, chez Phull, par exemple, dont Tolstoï nous donne un portrait exquis. Le prince André aussi était un Phull dans son genre, mais un Phull à la Russe, un aristocrate, un dilettante.

Si l'on prend en considération tout ce que nous venons de dire de la préparation à la guerre pratique et théorique du prince André, il est facile de comprendre l'étonnement qu'il éprouve de la conduite de Bagration pendant le combat d'Hollabrünn. Bagration ne s'agite pas et n'agite pas les autres ; il expédie beaucoup moins d'adjudants pour porter ses ordres que le prince André était habitué à le voir faire pendant les moindres exercices du Champ-de-Mars ; il n'édifie pas de savantes formations de combat et se contente de distribuer ses troupes sur la position, comme le terrain le comporte. Bref, pour le héros de *Guerre et Paix*, il est clair comme le jour que c'est un commandant en chef qui ne fait rien. Malgré cela, la présence de Bagration, suivant le prince André, fait énormément. Il eût été plus vrai de dire, ce me semble, non pas « malgré cela », mais au contraire : « c'est précisément à cause de cela » que Bagration fait énormément. Ce qui empêche le prince André de le dire, c'est qu'il a dans l'esprit une disposition de combat stéréotypée. Est-ce avec intention ou non que Tolstoï nous présente ainsi son héros pour la circonstance ? Nous l'ignorons ; mais, en tout cas, son portrait y gagne beaucoup sous le rapport de la vérité artistique. Bolkonsky est bien l'homme de son temps tout craché.

Le portrait de Bagration aussi est idéal. Comparez-le, pour vous en convaincre, avec ce que dit le maréchal de Saxe de la conduite du général d'armée un jour d'affaire :

« ..... *Il faut qu'un général d'armée ne soit occupé de rien un jour d'affaire*. L'examen des lieux et celui de son arrangement pour ses troupes doit être prompt comme le vol d'un aigle; sa disposition, courte et simple, comme qui dirait : la première ligne attaquera, la deuxième soutiendra, ou tel corps attaquera et tel autre soutiendra.

« Il faudrait que les généraux qui sont sous lui fussent gens bien bornés s'ils ne savaient pas exécuter cet ordre et faire la manœuvre qui convient, chacun à sa division. Ainsi, le général ne doit pas s'en occuper ni s'en embarrasser, car s'il veut faire le sergent de bataille et être partout, il sera précisément comme la mouche du coche.

« *Il faut donc qu'un jour d'affaire, le général d'armée ne fasse rien;* il en verra mieux, se conservera le jugement plus libre et sera plus en état de profiter des situations où se trouve l'ennemi pendant la durée du combat et, quand il verra sa belle, il devra baisser la main pour se porter à toutes jambes dans l'endroit défectueux, prendre les premières troupes qu'il trouve à portée, les faire avancer rapidement et payer de sa personne : c'est ce qui gagne les batailles et les décide. *Je ne sais ni où ni comment cela doit se faire, parce que la variété des lieux et celle des positions que le combat produit doivent le démontrer : le tout est de le voir et de savoir en profiter*. Cette partie est la plus sublime du métier... »

Ne croirait-on pas, en lisant *Guerre et Paix*, que l'auteur a créé « son Bagration » d'après le modèle même tracé par le maréchal de Saxe, tant chacune des touches qu'il donne à son portrait en est la reproduction fidèle.

Voici maintenant l'idéal de Bolkonsky, esquissé également par le maréchal de Saxe comme exemple de *ce qu'il faut bien se garder de faire :*

« Bien des généraux ne sont occupés, un jour d'affaire, que de faire marcher les troupes bien droites, de voir si elles conservent bien les distances, de répondre aux questions que leurs aides de camp viennent leur faire, d'en envoyer partout et de courir eux-mêmes sans cesse ; enfin ils veulent tout faire, moyennant quoi ils ne font rien. Je les regarde comme des gens à qui la tête tourne et qui ne voient plus rien, qui ne savent faire que ce qu'ils ont fait toute leur vie, je veux dire mener des troupes méthodiquement. D'où vient cela ? c'est que très peu de gens s'occupent des grandes parties de la guerre, que les officiers passent leur vie à faire exercer les troupes et croient que l'art militaire consiste seul dans cette partie : lorsqu'ils parviennent au commandement des armées, ils y sont tout neufs et, *faute de savoir faire ce qu'il faut, ils font ce qu'ils savent.* »

Nous avons laissé Bagration au moment où il était dans la batterie Touchine, répondant à tout d'un mot ou par l'expression de son visage : « Bien ! » De là il se rend à l'aile droite, où de nouveaux rapports lui font croire sa présence nécessaire. Il y reçoit le rapport d'un chef de régiment lui annonçant que sa troupe, déjà ramassée en troupeau, vient d'essuyer une charge de cavalerie, et « qu'il est difficile d'affirmer si c'est la charge qui a été repoussée, ou le régiment qui a été rompu par la charge. »

« Bagration approuva d'un mouvement de tête, comme pour indiquer que tout cela s'était passé d'après ses suppositions et au gré de ses désirs. Il se tourna vers son aide de camp et lui ordonna d'amener, de la hauteur, les deux bataillons du 6e chasseurs, devant lesquels ils étaient passés un instant avant. Le changement qui se produisit en ce moment sur le visage de Bagration frappa vivement le prince André. Il y lut l'expression d'une résolution concentrée et satisfaite, celle d'un homme qui, par une journée caniculaire va se mettre à l'eau et prend pour cela son dernier élan. Il n'y vit plus ces yeux ternes, à moitié endormis, ni cet air, emprunté suivant lui, de profonde méditation. Ronds, perçants, comme ceux d'un oiseau de proie, ces yeux regardaient maintenant devant eux avec une certaine expression de dédain, sans se fixer pourtant, semblait-il, sur rien, tandis que les mouvements de l'homme conservaient leur lenteur et leur pondération primitives. »

Ainsi l'instant propice est saisi au vol. Les bataillons s'approchent, des bataillons vivants, comme Tolstoï seul sait en peindre. Ils arrivent à hauteur du général en chef qui leur crie : « Allez-y bravement, mes enfants ! » On les arrête pour mettre sac à terre.

Bagration va regarder chaque soldat dans les yeux. C'est sous une autre forme la répétition de son : « Vous n'allez pas flancher, vous là-bas. »

« Bagration passe devant les rangs qui ont défilé devant lui et descend de cheval. Il tend ses rênes à un cosaque, enlève sa bourka et la lui donne, secoue ses jambes pour les dégourdir et raffermit sa casquette sur sa tête. Au pied de la hauteur, les officiers en avant, apparaît la tête de la colonne française. »

Comment l'homme capable, dans une pareille minute, de faire tout cela avec calme, ne rendrait-il pas calmes à leur tour, n'importe quels soldats? L'idée ne leur viendrait même pas qu'il y ait au monde une force capable de les briser et qu'ils ne soient pas capables eux-mêmes de briser... Le moment solennel est arrivé, celui précisément où le commandant en chef doit payer de sa personne. Élevé à l'école de Souvoroff, Bagration ne connaissait ni angles ni lignes, mais, en revanche, il connaissait ces moments-là.

« Avec Dieu! » dit, pour toute harangue, Bagration d'une voix ferme et entendue de tous; pour un instant il se tourna vers le front, puis, balançant légèrement les bras, avec l'allure un peu gauche d'un cavalier et un peu d'effort dans la marche, il partit en avant sur le sol inégal. Le prince André sentit qu'une force inconnue, mais irrésistible, l'entraînait en avant, en lui faisant éprouver un grand bonheur. »

Et certes, ce que le prince André éprouvait en ce moment, était ressenti également par le dernier soldat des bataillons conduits par Bagration. « C'est là ce qui gagne les batailles et les décide », répétons-nous après le maréchal de Saxe, et non ces dispositions pédantesques que Bagration avait complètement laissées de côté, au grand étonnement du prince André... Les gens étrangers à ce jeu terrible, où la mise est de plusieurs milliers de vies humaines, s'imaginent que dans un combat on ne tire que des balles, des boulets, de la mitraille. Ils ignorent que l'on y lance aussi de la mitraille vivante, c'est-à-dire des masses d'hommes, et que celui-là seul a le dessus qui possède le don intime de fondre une masse d'hommes en un seul tout et de les lancer sur le but sans plus de déviation qu'un projectile de métal. Bagration était passé maître dans ce genre de balistique. Grouper les parties du projectile, les cimenter en les enveloppant de son regard, le pointer, le lancer enfin, au moment juste où l'on voit sa belle, pas une minute trop tôt ni trop tard, tout cela sont choses délicates et tellement difficiles qu'il n'est donné qu'aux natures exceptionnelles, aux seuls élus, de pouvoir les accomplir. Et tout observateur impartial est bien obligé de convenir que ces gens-là, — quels qu'ils puissent être d'ailleurs dans la vie commune, ignorants en apparence, grossiers, immoraux, que sais-je! — sont marqués du sceau d'élection.

L'attaque des deux bataillons conduits par Bagration réussit, — cela devait être, — et dégage la retraite du flanc-droit[1].

Nous croyons superflu d'examiner les autres points de cette scène de carnage, mais nous ne saurions nous refuser le plaisir de signaler la maîtrise incomparable avec laquelle ils sont burinés. C'est d'abord l'excellent Touchine, figure timide, pas militaire, sans extérieur, et pourtant héroïque. Puis c'est la scène violente de « Bogdanytch » avec le fameux chef de régiment de la revue à Braunau, et l'impuissance de ce dernier à arrêter son régiment en déroute « malgré les intonations désespérées de cette voix naguère si formidable au soldat. » C'est l'exploit de Timokhine, de ce trembleur, de ce pochard de Timokhine qui, avec sa seule compagnie, rétablit le combat; c'est l'impudence de Dolokhoff, qui se faufile auprès du chef de régiment avec les trophées pris à l'ennemi et qui, chemin faisant, s'approprie avec le reste ce qu'a fait Timokhine, c'est-à-dire d'avoir arrêté la compagnie quand tout le régiment se sauvait.

Le combat est terminé, la retraite est ordonnée sur tous les points.

« C'était, dans l'obscurité, comme un fleuve invisible dont les flots sombres coulaient dans la même direction, formés de bruits confus de pas, de voix humaines, de sabots de cheval, de roues. Sur cette note générale, tranchaient plus distinctement dans la nuit sombre, les gémissements et les appels des blessés. Leurs plaintes paraissaient remplir toute cette obscurité qui enveloppait les troupes et ne faire qu'un avec elle. »

---

[1] Il serait curieux de savoir à qui le prince André attribue le succès de l'attaque et qui, suivant lui, a fait ici l'attaque. Est-ce Bagration qui n'a pas tué un ennemi de ses propres mains? Sont-ce les siens avec leurs balles et leurs baïonnettes?

On arrête les troupes.

« Ce n'était plus un fleuve qui coulait invisible dans la nuit, mais une mer sombre qui se remet toute frissonnante encore après la tempête. »

Quelle vie dans ce tableau de l'organisme à mille têtes, qu'on appelle une armée, une troupe !

Peu à peu les différentes unités commencent à installer leurs bivouacs. Sur la route où est arrêtée la batterie de Touchine, passent des blessés, des isolés : quatre d'entre eux portent sur un manteau quelque chose de lourd. — « A quoi bon le porter plus loin ? dit l'un d'eux. Il est fini. » — « Qué qu'ça fiche ! Allez toujours ! » Et ils disparurent dans l'obscurité avec leur fardeau.

Mais voilà que l'on demande Touchine chez le prince Bagration. Pour mettre bien en relief la scène qui va suivre, rouvrons Trochu : « Beaucoup de militaires s'approprient, souvent en parfaite sincérité et parce qu'ils sont convaincus que c'est nécessaire, une physionomie, des habitudes, une façon de parler, particulières. » C'est le cas du général, si bien caractérisé par George Sand, qui se croyait obligé de lancer un regard impérieux, ne fût-ce qu'au verre d'eau qu'il allait boire. « Cette manière empruntée disparaît *infailliblement* sur le champ de bataille. Elle est remplacée par celle qui répond aux instincts innés de l'homme. Là les gens bien trempés et véritablement braves le prouvent d'une façon éclatante; les autres, hardis en paroles en temps ordinaire, une fois à la guerre tombent dans un silence morne et abattu. Ces braves en paroles, qui ont toujours l'air prêts à aller se battre et qui ont acquis par là une réputation théorique de courage à toute épreuve, se montrent profondément troublés ; quelques-uns même s'éclipsent honteusement pendant l'affaire, faute de pouvoir dominer leur émotion et d'en apprécier les conséquences. D'autres enfin, quoique sujets à une agitation torturante, se contiennent à force de volonté, mais ils ne voient ni n'entendent rien, ne peuvent lier deux idées et sont également incapables de diriger ou d'être dirigés. Les gens calmes, modestes, souvent même considérés comme timides en temps de paix (Touchine, Timokhine), déploient une bravoure entraînante et donnent le meilleur exemple ; des écervelés, qui ont l'air d'avoir du désordre dans la tête, montrent du calme, du bon sens, du jugement à un degré tout à fait inattendu. Pour tous le combat est la pierre de touche infaillible qui donne la mesure des capacités et du courage de chacun, malgré lui et indépendamment de lui.

« Après la bataille, la plupart de ceux qui survivent, reprennent peu à peu leur manière et leur physionomie habituelles, sans avoir l'air même de se rappeler leur métamorphose pendant le combat, et alors on peut observer un autre et nouveau spectacle. Chacun, dans la mesure permise par son emploi, cherche à s'attribuer la gloire du succès, ou à décliner la responsabilité de l'insuccès. L'amour-propre, la vanité, l'ambition, font entrer dans des compromis souvent blâmables. Le combat pendant lequel on a travaillé au salut commun, bon gré, mal gré, à visage découvert, est déjà oublié ; une nouvelle lutte s'engage : celle des intérêts personnels. Plus d'un malin se présente devant l'opinion publique avec son masque d'emprunt, et réclame ses faveurs, avec sa place au bulletin et son inscription sur la liste des récompenses. De là tant d'exploits douteux qui ont eu les *honneurs de l'ordre du jour*, tant d'actes de véritable bravoure et d'abnégation qui passent inaperçus, ou ne sont connus que trop tard, parce que ceux qui en sont les auteurs n'ont point fait de réclame, ou y ont laissé leur vie, — ce qui arrive fréquemment, — ou enfin disparaissent de la scène avec des blessures graves.

« J'ai eu souvent l'occasion de voir tout cela, et chaque fois avec un sentiment pénible : *c'est l'exploitation de la guerre*, où les morts, les blessés, les disparus et les modestes sont les perdants ; les vivants présents et les impudents sont les gagnants. »

Transportons-nous maintenant dans l'izba occupée par Bagration, à peu de distance de la batterie Touchine. Nous y trouvons réunis un certain nombre de chefs de corps et l'état-major de Bagration.

« Le chef de régiment, de la revue de Braunau, rend compte au prince qu'au début même de l'affaire, il a reculé dans le bois jusqu'au delà des coupes, et qu'alors, avec deux bataillons, il a chargé à la baïonnette et culbuté les Français.

« Comme j'ai vu que le premier bataillon était en désordre, je me suis arrêté sur la route et je me suis dit : « Je vais les « laisser arriver et je les recevrai par un feu à volonté. » Et je l'ai fait.

« Je dois, en outre, continue-t-il, *se rappelant la conversation de Dolokhoff avec Koutouzoff* et sa dernière entrevue avec l'officier dégradé, signaler que le soldat Dolokhoff, officier dégradé, a fait prisonnier sous mes yeux un officier français, et s'est tout particulièrement distingué. » De Timokhine, de la déroute du régiment indifférent à sa belle voix, si terrible en temps de paix, pas un traître mot. C'est l'exploitation de la guerre qui commence. Tant pis pour l'absent. C'est le bavard et l'impudent qui sont les gagnants.

« C'est alors que j'ai assisté à l'attaque des hussards de Pavlograd », reprend Jerkoff, se mêlant à la conversation, *après avoir regardé autour de lui avec inquiétude*, car il n'avait pas vu un hussard de toute la journée et tenait la chose d'un officier d'infanterie. « Ils ont enfoncé deux carrés. »

Celui-ci n'a pas encore réussi à reprendre complètement son masque d'avant le combat. Il ment, c'est vrai, avec hardiesse et effronterie, mais il regarde auparavant autour de lui avec inquiétude, de peur que quelqu'un ne l'ait vu quand on l'a envoyé porter un ordre, et qu'il est resté en route bien loin du but de sa mission. Mais donnez-lui encore un peu de répit, et ses regards inquiets vont cesser. Et il commencera à vous raconter dans les moindres détails comment les hussards ont chargé les carrés, ont essuyé une salve, mais malgré cela ont pénétré, etc...

Entre Touchine, intimidé et confus comme toujours à la vue des grands chefs. Il trébuche dans la hampe d'un drapeau pris aux Français, ce qui fait rire des aides de camp de Bagration, Jerkoff tout le premier.

« Comment avez-vous laissé une pièce ? » demande Bagration en fronçant le sourcil, non pas tant à propos de sa question que des rires de son état-major. Touchine, qui a arrêté tout seul avec sa batterie, sans aucune coopération de l'infanterie ni de la cavalerie, l'attaque des Français au centre, « Touchine seulement maintenant, sous le regard du terrible commandant en chef, conçoit toute l'abomination de la faute qu'il a commise en perdant une pièce, et la honte d'y avoir survécu... » Il reste debout devant Bagration, avec un tremblement de la mâchoire inférieure, pouvant à peine articuler une excuse : « Je ne sais pas, V. E... ; je n'avais plus personne, V. E. » — « Vous ne pouviez donc pas en demander au soutien ! » (qui n'existait pas). Touchine n'ose pas le dire, de peur de *dénoncer* un autre officier..... Voilà l'homme modeste qui commence à perdre et qui risque de perdre, d'autant plus que l'exploit qu'il a accompli est plus élevé..... Mais enfin il est sauvé, comme on sait, par le prince André, qui expose carrément ce qu'a fait la batterie, et la situation où elle se trouvait au moment où est arrivé l'ordre de la retraite. Je regrette cette intervention du prince André, car le plus souvent, en réalité, les choses se passent comme dit Trochu. Du reste, le prince André ne fut cru qu'à demi.

Ne sont-ils pas *bien vivants tous ces personnages de fiction ?* Ne souffrent-ils pas, ne meurent-ils pas, n'agissent-ils pas, ne mentent-ils pas, ne commettent-ils pas des actes de bravoure et de lâcheté comme de vrais hommes ? Voilà ce qui les rend si hautement instructifs. Voilà pourquoi il faudra plaindre avec raison le chef qui ne tirera pas profit du récit de Tolstoï pour écarter soigneusement de lui les Jerkoff, pour chercher d'un œil perspicace et tâcher de reconnaître les Timokhine et les Touchine, pour se mettre en garde, avec la plus prudente sagacité, contre les héros du genre de Jerkoff, ou de ce chef de régiment de la revue de Braunau, si correct et si brillant narrateur après le combat.

II.

L'auteur de *Guerre et Paix* ne se contente pas de représenter des scènes de guerre et des types militaires ; il se livre, en outre, à des discussions théoriques sur certaines questions, dans le genre de celles-ci, par exemple :

L'art de la guerre admet-il une théorie quelconque ?

Quel est le rôle du commandant en chef de l'armée ?

A quelles causes peut-on attribuer un événement historique colossal comme celui de 1812 ?

Si, dans l'examen des opinions émises par l'auteur sur ces différentes questions, il nous arrive parfois de nous répéter, cela tient à ce qu'une seule et même idée se trouve souvent reproduite plusieurs fois dans l'ouvrage, bien que sous une forme différente.

Il est nécessaire d'abord de bien distinguer la manière de voir de l'auteur de celle du prince André, quoiqu'elles aient l'une et l'autre beaucoup de commun. Le prince André, en effet, tant par suite de ses facultés individuelles qu'en raison de l'époque à laquelle il vivait, ne pouvait avoir sur bien des points les vues que l'auteur cherche à nous imposer. Celui-ci, du reste, est un artiste, tandis que le rêve de celui-là était d'être un homme d'action. Si donc l'un et l'autre ont le défaut de n'envisager les choses que sous une face, très différentes sont les causes de ce défaut, et c'est un point dont il est indispensable de tenir compte dans notre examen. Ce qui, chez le prince André, est la conséquence des vicissitudes et des désenchantements de la vie, n'est pas autre chose, chez Tolstoï, qu'un emballement fatal pour tout artiste, dès qu'il sort de la sphère de procréation qui est l'apanage de son talent.

Le prince André est un de ces caractères comme on en rencontre souvent, qui, par un étrange caprice de la nature, offrent un mélange de prétentions excessives jointes à des facultés insuffisantes pour les satisfaire. Tolstoï a reproduit ce type avec une fidélité qui est un chef-d'œuvre artistique. Sans pouvoir se défendre d'une certaine sympathie pour le prince André, il excelle cependant à mettre en relief la légèreté avec laquelle celui-ci résout, par-dessous la jambe, les questions parfois les plus complexes ; bien doué naturellement, mais pratiquement pas bon à grand chose, capable de tout et propre à rien, comme disent les Français. Certainement l'auteur n'a pas flatté son héros et a traité le personnage en véritable artiste, poussant sans pitié jusqu'au bout, jusqu'à leurs dernières conséquences, les données de caractère dont il l'avait composé.

Rappelez-vous l'entrée en scène du prince André : son attitude dans le monde, les paupières plissés, répondant à peine, traitant tout et tout le monde du haut de sa grandeur ; bref un homme qui se donne un mal infini non pas pour *être*, mais pour *paraître*, un homme tout à la pose, qui joue un rôle et qui a la prétention d'être fort tout en n'étant d'aucune force. Le fait d'avoir remarqué la frivolité du milieu auquel il appartient constitue déjà aux yeux du prince André un mérite tout particulier, et voilà pourquoi il se pavane dans son mépris et en fait étalage avec affectation.

Arrive la guerre de 1805. Le prince André n'a aucun scrupule de profiter des privilèges attachés à ce milieu qu'il se donne les airs de tant dédaigner et se fait nommer aide de camp de Koutouzoff. Sa marotte est de rencontrer sur le champ de bataille son « *Toulon* », c'est-à-dire de jouer les Bonaparte. Mais, en attendant son Toulon, le prince André, à peine devenu aide de camp, s'assimile avec une facilité et une vitesse surprenantes les mœurs de l'antichambre des commandants en chef et pratique « la subordination qui n'est pas écrite dans le règlement » avec toute la virtuosité d'un Jerkoff.

En même temps, en homme convaincu de la haute supériorité de ses dons naturels, il considère comme tout à fait inutile pour lui ce long et pénible apprentissage qui seul permet de devenir un maître. Il n'a jamais vu la guerre de près et pourtant il y arrive avec des opinions arrêtées et *toutes faites*.

Bref il s'imagine, parce qu'il a lu, ou plutôt feuilleté sans comprendre grand'chose, une demi-douzaine d'élucubrations de Phull et congénères, que la guerre lui est devenue de tous points familière, et qu'en arrivant à la pratique il ne lui reste plus qu'à instruire les autres, mais qu'il n'a plus lui-même rien à apprendre.

Par un heureux concours de circonstances, il lui échoit une position enviable, comme poste d'observation, pour suivre pas à pas des élèves de l'école de Souvoroff tels que Koutouzoff et Bagration. Pouvait-il tomber mieux ? Va, regarde bien, mon garçon, réfléchis et opère dans tes idées théoriques les rectifications que te fournit le Livre suprême, celui de la Vie. Eh bien, *non ! Doctrinaire incorrigible*, le prince André ne peut admettre qu'il puisse se tromper. C'est la Vie qui ment.

Vous le voyez stupéfait du « non-agir » de Bagration, puis sur le point d'exposer son plan pour la bataille d'Austerlitz devant le conseil de guerre, auquel il assiste irrégulièrement par suite de ses rapports personnels avec Koutouzoff. Cependant les événements vont leur cours, démontrant toute l'inconsistance des opinions sur la guerre et des prétentions du prince André.

Rien de surprenant après cela, une fois convaincu par une amère expérience que ce n'est pas si facile de devenir d'un bond un Napoléon, qu'il commence à prêcher que Napoléon, c'est de la blague, et que l'affaire où ce dernier manifeste tant de génie, n'est aussi que de la blague.

C'était fatal : au point où le prince André était imbu de ses talents et de son infaillibité, la constatation de l'inconsistance de sa *théorie* devait inévitablement l'amener à conclure que la guerre n'admet pas de théorie du tout. Chercher, tomber vingt fois et se relever vingt fois, en passant par toute la filière douloureuse des doutes et des désenchantements : voilà qui n'était pas dans la nature du prince André. Sa conviction, Dieu sait pourquoi, c'est qu'il devait tout atteindre facilement, même la vérité. Ne disait-il pas de lui-même, bien qu'à propos d'autre chose, qu'il était *incapable de pardonner*. Comment aurait-il pu alors se réconcilier avec l'art de la guerre, après une aussi cruelle leçon ?

En somme on ne peut s'empêcher de le plaindre. Il est honnête dans une certaine mesure ; il a même, si vous voulez, des capacités et du caractère, mais au point de vue pratique c'est une nullité.

Il cherche partout sa vocation, mais ne la trouve nulle part ; nulle part il ne peut prendre racine. Bref, c'est un petit grand homme, capable de tout et propre à rien.

Il est vrai que son activité à Bukarest a été un reproche vivant pour Koutouzoff, et qu'il a introduit beaucoup d'innovations pratiques dans ses biens à la campagne ; du moins c'est l'auteur qui nous le raconte, mais aucune scène ne nous représente son héros dans ces deux circonstances. Et c'est là, suivant nous, l'indice d'un grand tact artistique de la part de l'auteur. Des scènes, où le prince André se serait montré homme d'action pratique et utile, auraient juré avec le portrait d'ensemble de son caractère ; l'auteur s'en est bien gardé.

Nous osons espérer que, dans cette caractéristique du prince André, nous ne lui avons rien ajouté de notre cru ; les faits sont empruntés à la création même de Tolstoï. Nous n'avons fait, pour notre part, que mettre en lumière certains côtés que l'auteur avait laissés dans l'ombre, par un sentiment de sympathie bien naturel pour son héros.

Après tout ce qui précède il est facile de comprendre pourquoi le prince André, après avoir échoué dans son affaire, persiste dans sa manière préconçue et inconsciente, c'est-à-dire parfaitement sincère, de ne la voir que sous une seule face. Il lui fallait : ou bien reconnaître la possibilité de l'art à la guerre, et par suite sa complète incompétence dans cet art, ou bien conserver sa foi dans ses hautes capacités, et alors nier la possibilité de l'art de la guerre et du génie guerrier. C'est cette seconde alternative qu'il devait indubitablement choisir.

C'est ce que confirment deux passages de la IVe partie de *Guerre et Paix*, où le prince André expose ses idées sur la guerre. Le premier se rapporte aux réflexions du prince André à propos du conseil de guerre, qui décide de l'abandon du camp de Drissa ; le second, c'est sa conversation avec le comte Pierre sur le champ de bataille de Borodino.

..... « Les débats durèrent longtemps, et plus ils se prolongeaient, plus s'échauffaient les discussions, qui en arrivaient aux cris et aux personnalités, et moins il devenait possible de tirer une conclusion générale quelconque de tout ce qui s'était dit. En écoutant le ramage de toutes ces langues en mouvement, toutes ces propositions, ces plans, ces réfutations et ces cris, le prince André ne fut étonné que d'une chose, c'est de ce qu'ils disaient tous. Du temps de son activité guerrière, il lui était venu souvent et depuis longtemps à l'idée qu'il n'y a et ne peut y avoir de science de la guerre *et par conséquent* (?) *qu'il ne peut y avoir de génie de la guerre*. Maintenant ces pensées prirent pour lui toute l'évidence de la vérité, d'un axiome. Quelle théorie, quelle science peut-il y avoir là où les conditions et les circonstances sont inconnues et ne peuvent être déterminées, là où la force des exécutants ne supporte encore bien moins aucune détermination ? Nul ne peut savoir et ne peut apprendre quelle sera la situation de notre armée et celle de l'armée ennemie dans un jour, et nul ne peut connaître la force réelle de tel ou tel détachement. Parfois, quand il n'y a pas de lâche en avant pour crier : « Nous sommes coupés » et se sauver, quand, au contraire, il y a en tête un homme gaillard et hardi qui crie : « Hourra ! », une troupe de 5,000 hommes en vaut 30,000, comme à Schœngraben. Mais parfois aussi 50,000 hommes fuient devant 8,000, comme à Austerlitz. Quelle science peut-il donc y avoir dans une affaire où, comme dans toute affaire pratique, rien ne peut être déterminé et où tout dépend de conditions innombrables, dont l'importance ne se détermine qu'à un moment donné, mais dont personne n'est en état de fixer la date. Armfeldt dit que notre armée est coupée, tandis que Paulucci soutient que nous avons mis l'armée française entre deux feux. Michaud affirme que le camp de Drissa est défectueux parce qu'il est en avant du fleuve, et Phull prétend au contraire, que c'est ce qui fait sa force. Toll propose un plan, Armfeldt en présente un autre, etc. Et tous ces plans sont bons, tous sont mauvais. C'est seulement au moment où s'accomplira l'événement que les avantages ou les inconvénients de chacun d'eux se manifesteront.

Pourquoi aussi tous ces gens-là parlent-ils de génie de la guerre. Est-ce qu'un homme est un génie parce qu'il prescrit à temps d'amener du biscuit et ordonne à propos à celui-ci d'aller à droite, à celui-là d'aller à gauche ? A moins que ce ne soit parce que les hommes de guerre sont entourés d'éclat et de l'auréole du pouvoir, et que la masse des flatteurs et des drôles est toujours prête à encenser le pouvoir et à lui attribuer des qualités géniales auxquelles il n'a aucun droit[1]. Au contraire, les meilleurs généraux que j'ai connus sont des bêtas[2] ou des écervelés. Le meilleur de tous c'est encore Bagration ; Napoléon lui-même l'a reconnu. Quant à Bonaparte en personne, qu'est-il, après tout ! Je me rappelle encore son expression satisfaite de lui-même et bornée sur le champ de bataille d'Austerlitz. Non ! un bon commandant en chef n'a besoin ni de génie, ni même de qualités quelconques sortant de l'ordinaire. Au contraire, il est nécessaire que les qualités les plus élevées et les meilleures de l'homme — l'amour (!), la poésie, la pitié (!), le doute philosophique, l'esprit d'examen, — n'existent pas chez lui. Il doit être borné, fermement convaincu que ce qu'il fait est très important[3], sinon la patience lui manquerait, et c'est seulement à ces conditions qu'il peut être un vaillant capitaine. Dieu préserve que ce soit un homme capable de s'attacher à qui que ce soit, accessible à la compassion et qui puisse penser à ce qui est juste ou non. C'est une histoire ancienne que cette théorie des génies, qu'on a fabriquée pour eux tout exprès, parce qu'ils sont le pouvoir. Ce n'est pas d'eux que dépend le mérite du succès à la guerre, mais de l'homme dans le rang qui crie « Hourra ! » ou bien « Fichus ! »

---

[1] Avec cela que Napoléon a cessé d'être considéré comme un génie depuis qu'il est tombé du pouvoir ! Avec cela que Mack a jamais passé pour un génie, sauf peut-être aux yeux de ses aides de camp, malgré le prestige du pouvoir et l'auréole du commandement en chef.

[2] Attrape, Koutousoff !

[3] Il est bien difficile de ne pas considérer comme très importante une affaire où sont en jeu des milliers d'existence et parfois même le sort de tout un pays. Du reste, quelle que soit l'affaire dont un homme s'occupe, il ne peut s'empêcher de lui trouver de l'importance, car personne ne se donnera la peine de s'occuper d'une affaire qu'il considère comme futile.

Certainement il n'y a que dans le rang que l'on puisse servir avec l'assurance d'être utile.

Toute cette tirade, il est facile de le voir, n'a guère de rapport avec le conseil de guerre de Drissa; elle est tout bonnement le produit de la tournure d'esprit maladive et bilieuse qui s'est emparée du prince André, après sa tentative manquée de jouer les Napoléon, et qui ne l'a pas quitté depuis. En réalité, si le désordre et la confusion de ce conseil avaient pu conduire un homme impartial à une conclusion quelconque, c'eût été celle que le prince Eugène de Savoie avait déjà exprimée de son temps à ce sujet : « *Un général ayant envie de ne rien entreprendre n'a qu'à tenir conseil de guerre.* » C'est pourquoi les hommes de guerre, qui comprennent leur affaire, convoquent des conseils de guerre, non pas pour leur demander une résolution, mais au contraire pour inculquer à leurs subordonnés la résolution qui les anime. Tel fut le conseil de guerre tenu par Koutouzoff à Fily, celui de Napoléon après l'échec d'Aspern, celui de Frédéric II avant Leuthen. Tout le monde sait que, dans un conseil, il y a autant d'esprits différents qu'il y a de têtes. Il n'y a donc pas à attendre d'une assemblée pareille la moindre *unité* d'idée ni de but. Cette unité ne peut être l'apanage que d'une tête *unique*. Mais une fois l'idée unique donnée, le conseil, pour sa part, peut élaborer les détails de sa réalisation et répandre cette idée maîtresse dans tout l'organisme militaire. Le rôle attribué au conseil de guerre de Drissa était un rôle qui ne peut jamais convenir à un conseil. Il eût été composé, non plus d'Armfeldts, de Phulls, etc... mais de Napoléons, qu'on n'en aurait jamais pu rien tirer que des discussions vides et stériles et des contestations sans profit.

L'art de la guerre n'est pour rien dans cette affaire. Le prince André se figure que le pataugis de ce conseil est une nouvelle preuve qu'il ne peut y avoir ni science, ni théorie de la guerre, ni enfin de génie de la guerre [1]. Mais n'est-il pas évident qu'il ne s'agit pour lui ni du conseil de guerre, ni même d'une phase de guerre quelconque, si ce n'est de se répéter une fois de plus qu'il

---

[1] Nous pensons tout au contraire que le gâchis du conseil de guerre de Drissa est une des meilleures preuves que l'on puisse trouver de l'importance de la théorie de la guerre, car elle enseigne précisément ce qu'il est permis ou non d'attendre d'un conseil de guerre.

n'y a ni art ni génie de la guerre? C'est ce que confirme pleinement la suite de son monologue. Pour se persuader que la fâcheuse théorie de l'art de la guerre ne saurait exister, le prince André va jusqu'à s'appuyer entre autres sur ce que chacun des assistants apporte son plan particulier, alors qu'il ne s'agit que d'une seule et même affaire. Eh quoi! cette vérité simple et tangible, que dans toute affaire pratique il y a des millions de chemins qui conduisent au but, était-elle donc inaccessible à son esprit? Pouvait-il être assez aveugle pour ne pas comprendre que l'important ici c'est d'atteindre le but, et non de l'atteindre spécialement par tel ou tel moyen? Est-ce que, même en mathématiques, une équation à plusieurs inconnues n'a pas un nombre infini de solutions? Est-ce que les mathématiques donnent des règles pour mettre un problème en équation? Et s'ensuit-il donc que la théorie des mathématiques n'a pas de valeur positive?

Confondant les idées de science et de théorie, le prince André s'évertue à démontrer qu'il n'y a ni science ni théorie de la guerre, et, *par suite* (!), qu'il ne peut y avoir de génie de la guerre. Encore une conclusion qui ne prouve qu'une seule chose, c'est que le prince André était incapable de suivre un raisonnement et de ne pas faire des sauts de logique. D'abord « science » et « théorie » sont deux choses toutes différentes[1], car tout art peut et doit avoir nécessairement sa théorie, mais il serait absurde de vouloir en faire une science. En second lieu, plus une affaire est difficile, plus il est rare qu'il puisse se rencontrer des gens qui y soient passés maîtres, et plus aussi ces gens rentrent dans la catégorie de ces individualités exceptionnelles qu'on nomme des génies.

Examinons ces deux propositions.

Il ne viendra aujourd'hui à l'idée à personne de prétendre qu'il puisse y avoir *une science de la guerre*. Ce serait une absurdité du même genre qu'une science de la poésie, de la peinture et de la musique. Mais il ne s'ensuit nullement qu'il n'y ait pas une théorie de l'art de la guerre, tout comme il en existe une pour les arts libéraux et pacifiques. Ce n'est point cette théorie qui fait les Raphaël, les Beethoven, les Gœthe; mais elle met à leur

---

[1] En ce sens que toute science est une théorie, mais que toute théorie ne peut pas être une science.

disposition *une technique* sans laquelle il leur serait impossible de s'élever aux cimes qu'ils atteignent. La théorie de l'art de la guerre n'a pas la prétention de former des Napoléon, ni même des Timokhine; mais elle procure la connaissance des propriétés des troupes et du terrain; elle signale les modèles, les chefs-d'œuvre réalisés dans le domaine de la guerre et, par conséquent, elle aplanit les voies de ceux que la nature a doués de capacités militaires.

Assurément, la théorie doit reconnaître en toute sincérité son impuissance vis-à-vis du troisième et du plus terrible facteur à la guerre, — celui du hasard; elle doit avouer honnêtement aussi son incapacité à fournir des recettes infaillibles pour l'exercice du commandement sur nos semblables. Donc, si elle a une importance qui n'est pas à dédaigner, elle ne permet pas en même temps à l'homme d'avoir la tranquillité de penser qu'il sait *toute* l'affaire, tandis qu'il n'en connaît qu'une *partie*[1]. Des recettes pour créer des chefs-d'œuvre comme Austerlitz, Friedland, Wagram, pour mener des campagnes comme celle de 1799 en Suisse, livrer des batailles comme Königgrätz, — voilà ce que la théorie de la guerre est incapable de donner. Mais elle présente ces modèles comme types d'étude, aux méditations des hommes de guerre, de même que le peintre, le musicien, le poète étudient chacun dans leur spécialité les chefs-d'œuvre de leur art, et cela non pas pour les imiter servilement, mais pour se pénétrer de leur esprit, pour s'en inspirer.

On objectera peut-être que cette manière de voir est toute moderne et, par suite, qu'elle était inaccessible au prince André. Pas du tout! Cette manière de voir a constitué à toutes les époques l'apanage de tous les hommes qui ne se sont pas bornés à faire la guerre, mais qui l'ont aussi méditée.

Si la théorie s'est fourvoyée, c'est précisément parce que très peu de théoriciens avaient vu la guerre. Mais le prince André l'avait faite, lui, et, s'il était arrivé à des conclusions aussi étranges, cela ne pouvait provenir que d'une chose : c'est qu'il était trop superficiel pour juger sainement de la guerre. Pour en

---

[1] Comme c'était le cas pour ceux qui avaient appris les théories scientifiques de la guerre, en vogue à la fin du siècle dernier et au commencement de celui-ci.

tirer des conclusions justes, il n'avait besoin, pour sa part, ni d'être d'une force extraordinaire sur la théorie, ni de posséder une grande originalité d'esprit, mais tout simplement de connaître ce qu'avaient écrit sur la guerre des hommes comme le maréchal de Saxe, Lloyd, Frédéric le Grand. Il est vrai que le prince André, en sa qualité de dilettante, ne devait guère aimer à fourrer son nez dans les vieux bouquins, et préférait puiser sa sagesse dans les productions à la mode de son époque.

A mesure que le prince André continue à développer ses réflexions sur le thème qui constitue, pour ainsi dire, un point malade de sa nature, son irritation va croissant. Et, une fois qu'il arrive à la question personnelle, celle de savoir s'il peut y avoir ou non un génie de la guerre, — il en vient tout simplement aux gros mots : le génie de la guerre n'est qu'une invention des courtisans du pouvoir! Nouvelle preuve qu'il ne s'agit pour lui que de soulager son irritation personnelle et pas du tout d'arriver à une conclusion juste. Il ne lui vient même pas à l'idée qu'il y a eu des milliers de commandants en chef et qu'on ne reconnaît de génie qu'à huit ou neuf d'entre eux. Le prince André donne un exemple insigne du degré d'aberration auquel l'esprit peut atteindre dans un pareil état d'âme : les conditions d'énormes difficultés et de frottements au milieu desquelles s'effectue toute entreprise de guerre, et qu'un homme supérieur est seul en état de démêler et de surmonter, semblent au contraire au prince André un argument à l'appui de l'impossibilité d'un génie de la guerre. « Est-ce qu'un homme est un génie, s'écrie-t-il, parce qu'il prescrit à temps d'amener du biscuit, et ordonne à propos à celui-ci d'aller à droite, à celui-là d'aller à gauche? » Et comment le nommer autrement qu'un génie, demandons-nous, quand, dans toute l'histoire de l'humanité, on ne peut trouver que huit ou neuf hommes qui aient été capables de faire parfaitement cette chose que le prince André trouve si simple; qui, ayant à manier cette force dont 5,000 unités valent aujourd'hui 20,000, et ne vaudront peut-être pas demain 200, savent s'arranger pour que leurs 5,000 unités valent, sinon toujours, du moins le plus souvent, 20,000 unités de l'ennemi?

La difficulté n'est pas de *prescrire* qu'on amène du biscuit, mais de *prévoir* où il faut l'amener; ni d'ordonner que celui-ci aille à droite, celui-là à gauche, mais de *deviner pourquoi* ces mouvements deviennent nécessaires et non d'autres. Et dans quelles conditions le deviner ? Sous l'influence « d'une quantité innombrable de variables et d'inconnues, dont le rôle, l'importance, la valeur et le sens ne se déterminent qu'à un moment qui arrivera nul ne sait quand. » C'est ce que reconnaît le prince André lui-même. Tout se fait à tâtons, en partant d'hypothèses tirées des données souvent les plus vagues et les plus contradictoires. Il faut donc un don de pénétration tout spécial pour ne pas tomber dans les erreurs les plus humiliantes. Il faut enfin, et par-dessus tout, posséder assez de volonté pour prendre rapidement, dans des conditions pareilles, une résolution irrévocable dont dépendent des milliers d'existences, souvent le sort du pays, en tout cas l'avenir et l'honneur de celui qui la prend. Et cela, dans un moment où chacun vient le troubler avec ses prétentions, ses réclamations, ses rapports, ses nouvelles agréables, tout cela pour lui prouver que, d'après de nouveaux renseignements, ce sur quoi il a basé ses dispositions ne tient pas debout.

Voilà ce qu'il suffit de faire entrer en ligne de compte pour voir sans peine que pour nager, je ne *dis pas bien, mais* seulement pour ne pas se noyer, dans cette mer de confusions, d'erreurs, d'agitations, d'intrigues, de contradictions, il faut être un homme bien au-dessus de l'ordinaire.

Le prince André a comme le pressentiment qu'en commençant par ce bout-là il sera conduit fatalement à démontrer le contraire peut-être de ce qu'il veut prouver. Voilà pourquoi il fait un crochet et se met à faire l'examen des qualités personnelles des meilleurs généraux qu'il ait connus. Il en sort que ce sont des bêtas ou des écervelés.

Le truc auquel le prince André a recours pour s'en convaincre et pour consoler son amour-propre blessé est d'une simplicité naïve. Il fait un *grief* à ces généraux de ce qu'ils manquent non pas des qualités qui leur sont nécessaires, mais de celles qui leur sont complètement inutiles. Ainsi, quand il s'attaque à Bagration, il va jusqu'à oublier qu'un homme peut se montrer dans la vie ordinaire plus bête que le fat, le mondain le plus nul, et pourtant être très supérieur dans sa spécialité. Il ne se rappelle plus avec quelle force irrésistible « ce bêta » l'a entraîné lui-même à l'attaque. Il eût été bien embarrassé, lui, l'homme d'esprit, d'en faire autant.

De Bagration le prince André passe à Napoléon. Pour lui, Napoléon aussi n'est qu'une excroissance parasite. « Je me rappelle encore l'expression de satisfaction personnelle et bornée de ce visage sur le champ de bataille d'Austerlitz. » Il faut qu'après d'amères leçons, le prince André soit resté bien jeune pour s'imaginer pouvoir jauger le génie ou la médiocrité par l'expression du visage d'un homme aperçu une fois dans sa vie, en passant, dans un moment de délire, sans avoir échangé une seule parole avec lui...

Vrai! on croirait entendre une jeune pensionnaire devenue follement amoureuse d'un héros quelconque sur le vu de son portrait et qui perd non seulement toute sympathie, mais encore toute estime pour lui le jour où elle a l'occasion de voir qu'il paye peu de mine au naturel. Les gens comme le prince André ne se représentent pas autrement les héros que dans une pose artistique, les yeux perdus dans le ciel, le front marqué du sceau de l'inspiration. Pour eux l'extérieur est tout et, s'il n'est pas présentable, bonsoir!

« Non seulement un bon commandant en chef n'a pas besoin d'avoir du génie, ni même des qualités sortant de l'ordinaire; mais, au contraire, il est nécessaire que les qualités les plus élevées et les meilleures de l'homme, l'amour, la poésie, la pitié, le doute philosophique, l'esprit d'examen, lui soient absolument étrangères ». Eh bien! et la volonté qui entraîne des centaines de mille hommes et leur inspire un dévouement sans bornes, une fidélité canine pour un homme comme eux? Et l'esprit qui possède le don de percevoir toutes les impressions avec une justesse si surprenante que, sur quelques indices sans liaison, sans suite apparente, il est en état de deviner les intentions de l'ennemi, et de les reconstituer parfois dans tout leur ensemble? Chaque espèce de génie exige un développement très marqué d'un ou plusieurs côtés de l'âme humaine, mais non de tous, il s'en faut de beaucoup. En se plaçant au même point de vue que le prince André, on peut, d'une façon générale, nier l'existence du génie. En effet, prenons, par exemple, un poète de génie qui sait aimer, qui est tendre et s'apitoie jusqu'à l'extrême, qui est accessible aux doutes les plus torturants. Ne peut-on pas dire aussi de lui : en voilà un génie, un homme sans volonté qui est l'esclave de son domestique ou de sa bonne, une imagination qui domine tellement son esprit qu'il se fait à tout propos un éléphant d'une mouche? Par ce procédé-là, on peut arriver à nier tout ce qu'on veut. On dira : mais quel talent a cette danseuse? Elle n'est pas fichue de chanter « Au clair de la lune ». En voilà un grand musicien! il n'a jamais su tenir un pinceau. Certainement celui qui émet de pareils jugements peut avoir raison à son point de vue, car les faits qu'il allègue peuvent être absolument exacts. On a vu des danseuses célèbres qui ne savaient pas chanter, de grands musiciens qui ne savaient pas peindre. C'est même ce qu'on voit le plus généralement. Mais cela les met-il en état d'infériorité pour la spécialité dans laquelle ils excellent? Voilà où est la question. Malheureusement, pour les gens qui raisonnent comme le prince André, cette question-là est à jamais inaccessible.

« Ce n'est pas d'eux (des chefs) que dépend le mérite du succès à la guerre, mais de l'homme dans le rang qui crie : « Hourra! » ou « Fichus! ». Certainement il n'y a que dans le rang que l'on puisse servir avec l'assurance d'être utile! »

Pour être conséquent avec cette dernière conclusion, le prince André se décide à prendre le commandement d'un régiment de l'armée, quoique le métier d'un chef de régiment ait bien peu de chose à voir avec l'amour, la poésie, le doute philosophique, etc.

Le prince André a parfaitement raison d'affirmer que le succès ou l'échec à la guerre dépendent en dernière instance du « Hourra! » ou du « Fichus! » d'un simple soldat. Il est tout à fait dans le vrai quand il constate que 5,000 hommes en valent quelquefois 30,000, comme à Hollabrünn, et que quelquefois 80,000 hommes se sauvent devant 8,000, comme à Austerlitz. Mais ici comme ailleurs, il commence et il n'achève pas. Il s'arrête précisément juste au point voulu pour obtenir la conclusion qu'il désire et non celle qui découle de la nature même des choses.

Pourquoi donc le cri de « Hourra! » est-il plus fréquent chez certaines troupes et celui de « Fichus! » chez d'autres? Certes, s'il n'y avait là qu'un pur hasard, il n'y aurait pas de raison pour qu'il se produisît plus souvent dans une armée que dans une autre. A cela il n'y a qu'une réponse, c'est que « Hourra! » et « F...us! » dépendent du talent ou de l'impuissance du chef à élever le niveau moral de ses troupes assez haut pour les soustraire à l'influence de l'imprévu. Pourquoi avec Souvaroff ne s'est-on jamais sauvé? Pourquoi ne s'est-on pas sauvé non plus avec Bagration à Hollabrünn, tandis qu'on a fui à Austerlitz? C'est que « Hourra » et « F...us » ne sont pas du tout un hasard comme le prince André se l'imagine. Avec le chef qui possède le don de maintenir le moral de ses troupes à un certain niveau, le cri de « F...us » est, sinon absolument inadmissible, du moins une exception fort rare. C'est un fait indéniable, une chose évidente pour tout observateur impartial.

Déjà dans l'antiquité cette dépendance du moral de la masse et de la capacité d'*un seul* avait été consacrée par un dicton remarquablement exact : « *Mieux vaut une armée de moutons commandée par un lion qu'une armée de lions commandée par un mouton* ». C'est une vérité que le prince André avait pu constater de ses propres yeux à Hollabrünn, en supposant qu'il les eût tenus ouverts à la vérité, au lieu de raisonner pour chercher à se convaincre de ce qui flattait le plus son amour-propre.

Dans sa conversation avec Pierre, le prince André continue à développer la même théorie, à savoir que l'affaire ne dépend que de ceux qui tirent et embrochent, et nullement de ceux qui indiquent aux premiers où il faut tirer, qui il faut embrocher. « Ceux avec lesquels tu es allé sur la position, dit-il à Pierre, bien loin d'aider à la marche générale des choses, ne font que la contrarier ».

Pierre est allé sur la position avec Benigsen et sa suite, et ici le prince André est dans le vrai; mais, comme toujours, il n'est pas dans le vrai en généralisant la conclusion qu'il tire d'un cas particulier; sans compter qu'il ne recherche pas des cas particuliers en vue d'arriver à une vérité, mais tout bonnement pour flatter son goût. En réalité, Benigsen pouvait fort bien être plus gênant qu'utile; mais Koutouzoff, Bagration, Yermoloff, Dokhtouroff, Rayeffsky *ne gênaient pas*. Voilà le malheur du prince André; c'est que lorsqu'il veut prouver que les personnalités dirigeantes ne font que gêner sans aider, il met en avant Benigsen et oublie tous les autres. S'il faut démontrer que les hommes de guerre les plus capables sont des « bêtas » ou des « écervelés », alors sans même dire *en quoi* et *où* ils se montrent « bêtas » ou « écervelés », il cite Bagration et oublie Koutouzoff, Yermoloff et autres. « Le succès n'a jamais dépendu et ne dépendra jamais ni de la position, ni de l'armement, ni même du nombre, mais surtout pas de la position. »

Et de quoi dépend-il donc?

« De ce sentiment qui est en moi, qui est en lui, — montrant Timokhine, — qui est dans chaque soldat. » Et qui trouve un appui dans la position, dans l'armement, dans le nombre, dans les dispositions, ajouterons-nous.

Ce que dit le prince André du rôle de l'esprit des troupes dans le succès ou l'insuccès du combat est absolument juste.

Mais il a l'air de ne pas comprendre que l'état moral est une résultante suprême, dont les composantes sont précisément tous ces détails qui n'ont, suivant lui, rien de commun avec elle. Tous ces détails, toutes ces minuties (d'après le prince André) ont certes avec l'état moral un rapport de cause à effet. C'est ce que comprennent parfaitement ceux qui ne jugent pas superficiellement la question, qui ne se bornent pas à leur première impression. Il suffit de se rappeler la remarque de Trochu relativement à l'extrême sensibilité de l'état moral. Il ne lui viendra jamais à l'idée d'établir une opposition non seulement entre l'état moral et des données comme l'armement, le nombre, la position, mais même comme l'excès de froid ou de chaud. Chacune de ces forces, *envisagée séparément, peut quelquefois n'avoir aucune* influence propre; mais le malheur est qu'elles n'opèrent jamais séparées et agissent toujours ensemble et au même instant. Le soldat le moins développé, quand on en arrive au combat, écoute d'une oreille avide tous les racontars qui circulent dans l'armée. C'est ce que Tolstoï a mis très justement en relief dans ses prémisses de la bataille d'Austerlitz. Le soldat devient extrêmement impressionnable à tous ces bruits; par quel miracle parviendra-t-il alors à sauver sa confiance en lui-même et sa hardiesse, s'il entend dire, par exemple, que son arme est inférieure à celle de l'ennemi ou quelque chose d'analogue? Nous convenons qu'à Borodino la plus forte de toutes les composantes était cette indignation patriotique qui faisait voir aux nôtres dans chaque Français un ennemi personnel; mais de ce que ce sentiment était la force dominante, il ne s'ensuit nullement que l'importance des autres fût réduite à zéro. Incapable d'un examen sérieux des faits, enclin à faire à tout propos des conclusions basées sur la première impression irréfléchie, le prince André ne remarque ici non plus que cette composante de l'état moral qui saute aux yeux, et il le fait d'autant plus aisément que cela lui permet de revenir sur son dada : la nullité du rôle des personnalités dirigeantes dans une bataille. Plus habitué à retourner les faits sous toutes leurs faces avant de se prononcer, il n'aurait pu tirer qu'une seule conclusion de la chose qui l'occupe : c'est que *le moral à un moment donné dépend principalement de celle de ses composantes qui, pour une raison quelconque, acquiert à ce moment une importance prédominante*. Partant de là, la force prédominante sera tantôt la différence d'armement, tantôt la différence des motifs pour lesquels la guerre a lieu, etc., etc., jusqu'à l'infini. Mais, lui, il s'imagine que ce qui est vrai pour Borodino sera encore vrai dans toutes les batailles !

Nous ne nous arrêterons pas à examiner les raisonnements du prince André à propos de la convenance de ne point faire de prisonniers, mais de tuer, sous prétexte qu'alors il ne pourra plus surgir de guerre que pour des causes sérieuses. Nous ne nous arrêterons pas non plus sur sa sortie à propos des mœurs de la classe sociale des militaires : esclavage (c'est-à-dire discipline), oisiveté, ignorance, cruauté, ivrognerie, débauche. Tout ça ce ne sont pas des raisonnements, mais une orgie de gros mots pour se soulager. Pour le prince André, tout était une affaire de sensations personnelles. Cela lui échappe quand il dit : « Celui qui est parvenu à cela, comme moi, par les mêmes souffrances... ». On sent qu'il éprouve le besoin de se consoler, d'épancher sa bile, de soigner son bobo. Il est si facile de se rendre compte que la discipline est une chose indispensable non seulement dans l'armée, mais encore dans tout l'organisme social. Toute la différence est dans le degré et le caractère et non dans le principe. De même l'oisiveté, l'ignorance, la cruauté, l'ivrognerie, la débauche ne sont pas la propriété exclusive de l'organisation militaire et ne sont pas moins répandues chez le reste des hommes. Si le prince André ne s'en aperçoit pas, c'est qu'il est trop en colère. Et quand un homme se fâche, Dieu sait ce qu'il peut dire !

III.

Les considérations théoriques, qui appartiennent en propre à l'auteur, pèchent toutes par un point : c'est qu'il ne voit les choses que sous une seule face, conséquence de la partie forte de son talent, c'est-à-dire de son habileté à dépeindre chaque phénomène en particulier. Tout peintre, pour faire un tableau juste, doit se placer à un seul point de vue. Si, avec cela, il observe scrupuleusement les rapports d'ombre et de lumière, il reproduit la scène qui l'occupe avec assez d'art pour que l'imagination puisse compléter ce qui se trouve aussi en dehors du côté *unique* qu'il a représenté. Comme toute incarnation fidèle d'une idée, l'œuvre artistique la montre *tout entière*, bien qu'elle n'en reproduise matériellement qu'une des faces. Et c'est ce qui fait qu'elle inspire souvent au critique des pensées qui ne sont peut-être même pas venues à la pensée de l'artiste au moment où il l'a créée.

Les conditions de la reproduction fidèle de la même idée[1] non plus au moyen d'images, mais sous forme de raisonnements, sont *tout à fait différentes*. Si l'on se propose ce but, il faut étudier l'idée non plus seulement sous une face, mais sous le plus grand nombre de faces possible; autrement on n'obtiendra qu'une conclusion sans généralité, pour ne pas employer un terme plus sévère. Il est clair que si l'on est habitué à travailler dans une sphère qui exige pour la réussite de l'œuvre entreprise qu'on ne sorte pas, pour ainsi dire, d'un seul point de vue, il faudra bien se surveiller pour ne pas retomber dans sa manière là où elle cesse absolument de correspondre au but qu'on s'est fixé. Il en résulte que la plupart des peintres sont de mauvais philosophes, et, inversement, que tous les philosophes sont de mauvais peintres, j'entends peintres en paroles. Les premiers éprouvent une grande difficulté à se départir d'un seul point de vue; les seconds, par contre, ne peuvent se tenir à un seul point de vue. Il y a des exceptions, mais elles sont tellement rares qu'on les compte par unités dans toute la vie de l'humanité[2].

Un excellent exemple pour confirmer ce qui précède est celui de Gogol. Tout le monde connaît l'abîme qui existe entre la première partie de ses « Ames mortes » et sa « Correspondance avec ses amis ». Très fort dans une direction déterminée, il a subi un fiasco complet dès qu'il s'est imaginé d'en sortir.

---

[1] Ici la *reproduction* devient le *développement* de l'idée.

[2] Gœthe, par exemple.

Ainsi celui qui donne d'excellents tableaux donne aussi généralement de mauvais raisonnements abstraits. Mais l'anomalie ne s'arrête pas là. Les mauvais raisonnements finissent par influer sur le caractère artistique même des tableaux que l'auteur, peut-être inconsciemment, cherche à faire rentrer dans le cadre de ses considérations abstraites. Personne assurément ne mettra sur la même ligne, disons par exemple, le vertueux Mourazoff et le moral Kostanjoglo du même Gogol, que l'un quelconque des héros de la première partie des « Ames mortes ».

C'est ce qui est arrivé à Tolstol, quoique à un degré moindre, et Dieu veuille, certes, que cela n'aille jamais aussi loin [1]. Dans la quatrième partie de son ouvrage il détruit quelquefois l'harmonie artistique de l'œuvre pour confirmer ses vues sur l'histoire et sur la guerre. Son système, sous le rapport de l'histoire, peut se ramener à ce qui suit :

La guerre est un événement contraire à la raison humaine et à toute la nature de l'homme. Les causes de la guerre de 1812, invoquées par les historiens, ne tiennent pas debout. Il est incompréhensible pour nous que des millions d'hommes, de chrétiens, se soient entre-massacrés et martyrisés, parce que Napoléon était un ambitieux, qu'Alexandre montra de la fermeté, que la politique de l'Angleterre fut perfide et le duc d'Oldenbourg dépouillé. Il est impossible de comprendre quel lien il peut y avoir entre ces circonstances et le fait de meurtres, de violences, etc.

A cela nous répondrons d'abord que la guerre est une affaire contraire non pas à *toute* la nature humaine, mais seulement à *un côté* de cette nature, qui est *l'instinct de conservation;* vous voyez la différence. Cet instinct joue dans l'homme assurément un rôle fort important, mais nullement exclusif. Car chez l'homme, chez le peuple qui se respectent, il est subordonné au sentiment de la dignité personnelle [2], dont les supports sont des propriétés de la nature humaine, tout comme l'instinct de con-

---

[1] C'est *arrivé*, malheureusement, comme tout le monde le sait. Tolstol, dans ses dernières productions, s'évertue à prouver que l'homme normal n'est concevable que dans une union complète avec la nature et avec ses semblables ; en même temps il nie tout ce qui a été élaboré par l'humanité pour réaliser cette mission et prêche la plus pure anarchie. (N. du T.).

[2] Bien ou mal comprise, peu importe ; ceci est tout à fait en dehors de la question qui nous occupe ici.

servation, mais qui lui sont directement contraires, savoir : le sentiment d'abnégation, la témérité, l'entêtement, etc. Dès qu'on tient compte de cela, l'*unilatéralité* de la proposition de Tolstoï se révèle d'elle-même. Tout ce qu'il avait le droit de dire, c'est que la guerre est contraire à l'instinct de conservation de l'homme, voilà tout; mais nullement qu'elle est contraire à toute la nature de l'homme et *en particulier à la raison*.

Quelquefois la guerre est contraire à la raison, quelquefois elle ne l'est pas ; cela dépend *pourquoi* on la fait. La raison est une faculté maîtresse, et il est impossible de l'assujettir aux bornes minuscules et étroites d'une morale abécédaire.

En apparence (mais seulement en apparence), elle arrive, dans une seule et même affaire, tantôt à une solution positive, tantôt à une solution négative. C'est le propre de la raison humaine, et c'est en cela que réside sa supériorité sur celle des bêtes qui, dans n'importe quel cas particulier, conclut toujours de même. Le lièvre se sauve toujours ; le tigre, le lion ne cèdent jamais ; le mouton ne peut pas ruser; le renard ne peut pas ne pas ruser. L'homme *peut* tout cela. *Si l'on ne perd pas de vue ce point, il* est étrange de dire que la guerre est une chose contraire à la nature humaine; car, s'il en était ainsi, l'homme ne ferait jamais la guerre, tandis que toute son histoire est la preuve du contraire : non seulement il guerroie, mais souvent même il guerroie pour les motifs les plus absurdes [1]. On dira peut-être que l'abus même qu'on fait de la guerre est une preuve qu'elle est contre nature. Mais à ce compte-là il faudrait admettre aussi que tout ce qui existe est absurde et contre nature, car de quoi ne peut-on pas abuser en ce monde? Qu'on se rappelle d'où est sortie l'inquisition! Qu'on se rappelle que le feu chauffe, mais peut causer des incendies; qu'on peut faire de l'argent bon ou mauvais emploi! Et alors on n'osera plus objecter contre la guerre qu'elle est *un acte contraire à la raison humaine et à toute la nature de l'homme*. La guerre est un phénomène indépendant de la volonté des hommes. Pirogoff n'avait pas tort quand il l'appelait « *une épidémie traumatique*. »

---

[1] *Du moins relativement*. Chacun sait que ce n'est pas à la vérité elle-même que l'homme attache du prix, mais à ce qu'il prend à un moment donné pour la vérité.

Bien étrange aussi cette assertion du prince André qu'il n'existe aucun lien entre les faits de meurtre et de violence d'une part, et l'ambition de Napoléon, la fermeté d'Alexandre, etc. (voir plus haut) de l'autre. Comme si les premiers ne se rapportent pas aux secondes comme le moyen au but. Il faut être ou vouloir être aveugle pour ne pas voir ce lien. On ne peut dire qu'une chose, c'est que l'auteur arrive à le rejeter dans l'ombre, grâce à une habile antithèse entre les faits de meurtre et de violence d'un côté, et l'ambition de Napoléon, etc., de l'autre. Avec ces procédés-là, on peut tout mettre sous le boisseau! Dans une autre sphère, par exemple, on peut poser la question suivante : « Qu'y a-t-il de commun entre l'abatage d'un bœuf et le besoin de l'homme d'assouvir sa faim? Entre le sacrifice d'un certain nombre de francs et la nécessité de mettre son corps à l'abri des influences atmosphériques? » Ces antithèses, et autres du même goût, peuvent seulement laisser percer le désir de ne point voir de lien entre deux idées, là où il en existe un; mais elles sont incapables de rien prouver. L'empereur Alexandre, grâce à sa fermeté, se fixe comme but de ne point déposer les armes tant qu'il restera un seul ennemi sur le sol russe, et, comme on sait, il atteint ce but grâce à ce qu'il se décide à sacrifier des milliers d'existences et à compromettre temporairement la prospérité de plusieurs provinces. C'est, par rapport à l'organisme national tout entier, la même chose que ce que fait un homme individuellement, non seulement lorsqu'il lutte directement pour conserver sa vie, mais même pour ainsi dire à chaque pas. Si vous allez n'importe où, si vous faites un travail, si seulement vous pensez, cela a pour résultat immédiat de détruire une certaine quantité des particules de votre organisme. C'est une loi physiologique que tout le monde admet aujourd'hui. La même loi s'applique rigoureusement, et avec toutes ses conséquences, à ces grands organismes humains que l'on appelle des nations. Si une nation a besoin d'atteindre un but quelconque, important pour son existence, son développement, sa prospérité, elle doit sacrifier pour y parvenir une certaine quantité des particules matérielles et vivantes de son propre organisme. Si, entre ce sacrifice et le but en vue duquel elle le fait, il n'existe aucun lien, il faut admettre alors qu'il n'y en a pas non plus entre les sacrifices que fait l'individu et le but pour la réalisation duquel il y consent.

Plus loin, l'auteur de « *Guerre et Paix* », en examinant les causes de la guerre de 1812, présentées par les historiens, trouve qu'elles sont bien insuffisantes et *par conséquent erronées*. C'est encore un saut de logique : car de ce que *tout n'a pas été dit*, il ne s'ensuit pas que *ce qui a été dit* est faux. Aux causes et motifs reconnus, — mélangeant l'un et l'autre malheureusement, — l'auteur oppose les siens, qui n'ont pas le moindre fondement, quoique ses motifs à lui lui paraissent aussi plausibles que ceux des historiens.

« Une cause, qui vaut bien le refus de Napoléon de ramener ses troupes derrière la Vistule et de rendre le duché d'Oldenbourg, nous paraît être le désir ou le refus du premier caporal français venu de se rengager. Car, *si* ce caporal *n'avait pas voulu* faire un second temps de service, et si un deuxième, un troisième, mille de ses camarades et des milliers de soldats *avaient fait de même*, cela eût diminué d'autant les troupes de Napoléon et *rendu la guerre impossible*. »

Cette cause, pour l'exposé de laquelle l'auteur a dû faire une énorme consommation de la particule « si » a un défaut radical : c'est que les causes et les motifs présentés par les historiens sont positifs, tandis que celle-ci, suivant l'auteur lui-même, était seulement possible ; mais en réalité elle n'a pas eu lieu. Il n'y a pas de déductions ni de suppositions qui puissent effacer un fait du moment qu'il existe ou qu'il a existé. Malgré tout le talent de l'auteur à nous démontrer ce qui *aurait pu* être, du moment où ce qu'il désire n'a jamais eu lieu en réalité, c'est que cela ne peut pas avoir été. Qu'il nous montre dans l'histoire, ne fût-ce qu'un exemple unique, où une guerre n'a pas eu lieu parce que les soldats n'ont pas voulu rester au service, et nous nous réconcilions avec son hypothèse. Mais *il ne trouvera pas, il ne peut* pas trouver un exemple pareil, car un cas semblable serait en contradiction directe avec les conditions essentielles de la vie organique des masses. Pour nous en convaincre, reprenons un organisme analogue à une nation dans toutes ses fonctions, mais plus simple : celui de l'homme individuel. Qu'aurait dit l'auteur de « *Guerre et Paix* » si quelqu'un, en examinant les causes d'une rixe entre deux hommes, avait tenu, par exemple, le discours suivant : « On prétend que la cause de la querelle, c'est l'arc de Jean que Pierre voulait avoir, et qu'auparavant ils ont eu déjà tels et tels sujets de conflit. Tout cela est inepte. Une cause, qui vaut bien le désir d'avoir l'arc et le non-désir de le donner, nous semble être le désir ou le non-désir d'un atome quelconque de la main de Pierre de prendre part à la rixe. Car si cet atome ne veut pas y prendre part, si un second, un troisième, des milliers d'atomes semblables font de même, il ne peut pas y avoir de rixe... » Dans un organisme vivant et sain — qu'il soit grand ou petit, peu importe — aucun atome séparé *ne peut pas* ne pas vouloir ce que veut la force suprême de cet organisme, qui fait qu'il est un organisme, et sans laquelle il ne serait plus qu'un agrégat sans vie de particules indifférentes les unes aux autres. L'auteur reconnaît lui-même que la volonté de Napoléon n'était pas tant l'expression de sa volonté propre que celle de la volonté de cet organisme dont il était le représentant, et en cela nous sommes tout à fait d'accord avec lui[1]. Comment peut-il donc admettre après cela que de simples particules, prises séparément, pourraient vouloir toute autre chose que ce que veut l'ensemble ?

Quand on lit ce passage de « *Guerre et Paix* », on s'attend à ce que Tolstoï, après avoir récusé les causes qu'il considère comme non justifiées, présente à leur place les causes des événements qui lui paraissent vraies. Épatement du lecteur quand il découvre que l'auteur voulait tout simplement en arriver à dire qu' « *il n'y a pas eu de cause proprement dite de l'événement; l'événement devait s'accomplir, seulement parce qu'il devait s'accomplir...* »

D'abord nous ne connaissons pas d'historien qui se soit arrêté à une cause proprement dite, *exclusive*, quelconque. Tous ont admis un *ensemble* de causes. Donc ici l'honorable auteur se dispute avec un historien fictif. En second lieu, de ce qu'un événement donné n'a pas eu une cause particulière quelconque, il ne s'ensuit pas qu'il n'ait pas eu du tout de causes, ou, comme dit

---

[1] Le mécanicien aussi se soumet à la force de la vapeur et précisément parce qu'il peut donner à sa machine une marche à son gré rapide, lente, ou à reculons. Une des preuves les plus éclatantes qu'on puisse fournir qu'il en est de même avec les nations, à certaines époques de leur existence, c'est l'exemple de la France contemporaine : marche à toute vapeur, piétinement sur place, recul ; sans compter ce qu'on lâche de vapeur... sous forme d'expéditions lointaines. — Ceci a été écrit sous Napoléon III. (N. du T.)

Tolstoï, qu'il ait dû s'accomplir, seulement parce qu'il devait s'accomplir.

A notre avis, la plus médiocre explication des causes d'un événement donné est très supérieure à ce « devait », rien que parce qu'elle donne satisfaction à ce besoin inhérent à l'esprit humain de rechercher la cause de tout ce qui se produit. Cette habitude importune est la meilleure preuve de ce qu'il est impossible de remplacer les causes par un « devait » inaccessible, qui n'explique rien et qui n'est qu'une négation de toute cause ; car, s'il n'y avait pas de principe de causalité dans les phénomènes et les événements, il ne pourrait pas y avoir non plus dans l'esprit humain cette tendance à la recherche des causes. A ce point de vue, l'explication de la foudre, par exemple, quand le peuple l'attribue à ce que le prophète Élie se promène dans le ciel, est, à notre avis, infiniment supérieure à dire que la foudre gronde, parce qu'elle doit gronder. Avec le temps, l'électricité remplacera le prophète Élie; l'électricité elle-même rentrera un jour dans quelque chose de plus rationnel qui élargira nos vues sur les phénomènes de la nature. Mais avec des « *doit* » et des « devait », il n'y a rien à espérer jamais pour le développement de l'humanité : témoin les époques entières où tous les phénomènes possibles étaient rangés sous la tyrannie de ce fameux verbe « devoir » ou « falloir. »

Une fois dans cette voie, l'auteur, en vertu du trait distinctif de son talent, — c'est-à-dire de n'envisager que d'un seul point de vue ce qu'il peint, ce qu'il examine, — a poussé très loin. Il est allé jusqu'à se poser la question : « Quand une pomme est mûre et qu'elle tombe, pourquoi tombe-t-elle? Tombe-t-elle parce qu'elle est attirée vers la terre, parce que sa tige se dessèche, parce que c'est le soleil qui l'a séchée, ou que le fruit est devenu plus lourd, que le vent l'a secoué, ou bien parce que le gamin qui est sous l'arbre a envie de la manger? »

Il semble à Tolstoï que toutes ces causes se valent, en y comprenant la dernière. Pour notre part, nous tirons de cet exemple une conclusion toute différente : c'est qu'il est infiniment agréable de lire un auteur de talent qui, lorsqu'il s'engage dans une voie fausse, ne recule pas devant les conséquences et développe sa thèse jusqu'à ce que son erreur devienne claire pour tout le monde.

IV.

L'auteur a divisé en chapitres ses considérations historiques, et c'est ce qui permet de voir du premier coup d'œil qu'elles sont toutes prises du même point de vue. Au contraire, ses considérations *militaires sont parsemées et comme insinuées* au cours du récit sous l'égide protectrice de faits présentés avec beaucoup d'art, mais tendancieusement. Aussi n'est-on pas frappé immédiatement de l'unilatéralité de ses vues sur la guerre, et même un lecteur, qui n'est pas prévenu et se laisse éblouir par le talent de l'artiste, peut être séduit au point de trouver toute naturelle la déduction que Tolstoï lui glisse après un tableau magistral.

Nous avons déjà vu un échantillon de cette manière dans les raisonnements du prince André qui sont intercalés à la suite du tableau du conseil de guerre de Drissa.

Après avoir préparé le lecteur par la description de cette gabegie, l'auteur lui sort le prince André avec son monologue contre la théorie de la guerre et contre la possibilité du génie de la guerre, bien qu'il n'y ait rien de commun entre ces sujets et la confusion d'un conseil de guerre sans directeur.

L'auteur reste fidèle à cette manière chaque fois qu'il a l'intention d'émettre sur la guerre quelque opinion d'une valeur contestable.

Il n'est pas difficile du reste, dans presque tous les cas semblables, de découvrir cette valeur contestable des opinions de Tolstoï, parce qu'il fournit lui-même à un lecteur attentif des armes pour le réfuter, chose presque inévitable dans toute production littéraire où l'auteur vise la justification de ses vues théoriques et non la vérité artistique de la reproduction des faits. Prenons, par exemple, la charge de Rostoff. Au début, « Rostoff avec l'œil exercé d'un chasseur aperçoit le premier les dragons bleus français qui poursuivent nos lanciers. » Ils se rapprochent de plus en plus ; Rostoff « a le flair qu'en chargeant à ce moment avec les hussards les dragons français, ceux-ci seront culbutés ; mais que charger pour charger, c'est tout de suite, à la minute même qu'il faut le faire, sinon ce sera trop tard. » Rostoff exprime très nettement à son camarade la même idée et après cela se lance à la charge. Il me semble que tout cela montre bien clairement que, si Rostoff s'est décidé rapidement à charger, ce n'a pas été sans réflexion : le processus du travail des sens et de l'âme, indispensable dans toute attaque, est ici très manifeste ; tous les moments de ce travail (voir, juger, décider, exécuter) sont précisés. Mais l'auteur veut en revenir à son thème favori : que tout cela se fait de soi-même. Aussi, après ce qui précède, sans transition, il commence à dire que « Rostoff lui-même ne se rend pas compte comment et pourquoi il agit. Il fait tout cela comme s'il était à la chasse, sans penser, sans réfléchir. » Est-il possible que Tolstoï, qui se montre si fin observateur du travail psychique souvent le plus subtil et le plus instantané, n'ait pas remarqué la grossière contradiction du commencement et de la fin d'une seule et même page ? Est-il admissible qu'il ait compté n'avoir pour lecteurs que des gens capables d'oublier le commencement d'une page imprimée très largement quand ils arrivent à la fin ? Est-il croyable, enfin, que l'auteur n'admette pas qu'une action rapide et presque instinctive soit néanmoins précédée d'un processus psychique d'observation, de réflexion et de décision, qui se produit, c'est vrai, instantanément, mais qui *en tout cas se produit ?* Pour nous, nous sommes convaincu que les dernières lignes que nous avons citées n'auraient jamais trouvé place dans la description de la charge de Rostoff, si l'auteur n'avait pas cherché à préparer d'avance le lecteur à des raisonnements destinés à prouver que l'homme ne sait lui-même jamais ce qu'il fait, et n'est qu'une marionnette entre les mains de quelqu'un ; bref, que rien n'est la cause de rien.

Au commencement de la deuxième partie du IVe volume, l'auteur va encore plus loin. Il découvre que Rostoff a chargé rien que parce qu'il n'a pas pu résister au désir de galoper sur un terrain bien égal. On est en droit de croire que lorsque Tolstoï a écrit cette phrase, il avait oublié lui-même ce qu'il avait dit plus haut; cela est tout autant à l'éloge de sa sincérité qu'une preuve de sa tendance à tout voir sous une seule face. Des contradictions du même genre se rencontrent plus loin, non seulement dans la même page, mais quelquefois même dans la même phrase.

Ainsi, dans la scène où le général de service fait son rapport à Koutouzoff, ce dernier écoute avec une égale indifférence ce que lui racontent Denisoff d'abord et le général de service ensuite. Tolstoï en conclut que : « sans aucun doute Koutouzoff méprisait l'intelligence, le savoir et même le sentiment patriotique qu'avait montrés Denisoff; toutefois il ne les méprisait pas en raison de son intelligence, de son savoir, de son patriotisme personnel (car il ne cherchait jamais à les montrer), mais en raison de quelque chose d'autre[1]. Il les méprisait au nom de sa vieillesse, de son expérience de la vie. » Nous nous permettrons une question : « Qu'est-ce qui constitue l'expérience? » Est-ce la masse des faits qui s'accumulent pendant une longue existence, ou bien les conclusions que l'esprit a tirées de ces faits et qui seules peuvent servir de principes directeurs de la conduite à venir? Il nous semble qu'à cette question on ne peut faire deux réponses. *Assurément c'est l'ensemble des conclusions que l'esprit a tirées des faits qui constitue l'expérience et fournit cette science féconde de la vie* dont l'avenir aussi peut profiter. La connaissance des faits tout seuls est stérile; c'est l'expérience de la mule du prince Eugène qui, comme le dit Frédéric II, après avoir suivi dix campagnes, n'en devient pas pour cela plus expérimentée ni plus savante dans l'art de la guerre. Puisqu'il en est ainsi, il paraît clair que Koutouzoff dédaignait l'intelligence et le savoir non pas en raison d'autre chose que son intelligence et de son savoir! Il accueillait, c'est vrai, très froidement bien des choses qui eussent fortement enflammé d'autres que lui, mais cela nullement par mépris pour l'intelligence et le savoir, et au contraire par supériorité d'intelligence et de savoir sur ceux auxquels il avait affaire. Nous pourrions ajouter que le rôle de commandant en chef est précisément un de ceux qui exigent le plus de réserve et de circonspection, dans lesquels il faut bien se garder de laisser paraître au dehors sa satisfaction ou son mécontentement, et surtout son approbation ou sa désapproba-

---

[1] Est-il possible que Tolstoï admette qu'un homme qui possède de l'intelligence et du savoir soit obligé à chaque instant de chercher à en faire parade? Cela rentre dans le caractère des individualités vaniteuses et frivoles dans le genre du prince André, mais nullement dans celui des gens de l'espèce de Koutouzoff pour lesquels il y a des choses plus importantes que de penser constamment à charmer ses concitoyens et ses concitoyennes par l'étalage des qualités brillantes de sa personne.

tion des avis de ses subordonnés ; en un mot, un de ces rôles auxquels est le plus applicable le dicton suivant : « Mesure dix fois pour couper une. »

Dans le développement ultérieur de la même scène, ce qui se passe entre le prince André et Koutouzoff montre bien que ce dernier possédait précisément cette faculté maîtresse de ne pas s'emballer, d'examiner les choses avec calme, que le prince André prenait pour du mépris. « Il ne met rien du sien. Il n'a pas une pensée en propre, il n'entreprend rien, » pensait le prince André. « Mais il écoute tout jusqu'au bout, il se rappelle tout, il met chaque chose à sa place, n'empêche rien de ce qui peut être utile, et n'autorise rien de nuisible. »

Il est impossible de mieux dépeindre ce qui constitue précisément le devoir du commandant en chef. La phrase que nous venons de citer est presque mot pour mot la reproduction des idées de Napoléon sur le même sujet[1].

Les états-majors comme celui qu'on avait donné à Koutouzoff, foisonnent de donneurs de conseils, empressés à apporter des avis qu'on ne leur demande pas et qu'ils n'ont souvent pas qualité de donner. S'il est impossible de se débarrasser de cette peste, il n'y a qu'un seul remède : c'est de savoir qui mérite d'être écouté et qui ne le mérite point. Koutouzoff lui-même n'avait pas de pensées en propre, soit ! Mais *c'est lui* qui choisissait les gens qu'il écoutait et ceux qu'il n'écoutait point, et par là il était l'initiateur suprême. En pratique, une idée n'appartient pas à celui qui l'a exprimée le premier, mais à celui qui prend sur lui la décision de la réaliser et la responsabilité de toutes les conséquences que cette réalisation peut entraîner.

---

[1] « La première qualité d'un général en chef est d'avoir une tête froide, qui reçoive des impressions justes des objets, qui ne s'échauffe jamais, ne se laisse pas éblouir, enivrer par les bonnes ou mauvaises nouvelles ; que les sensations successives ou simultanées qu'il reçoit dans le cours d'une journée s'y classent et n'occupent que la place juste qu'elles méritent d'occuper ; car le bon sens, la raison sont le résultat de la comparaison de plusieurs sensations prises en égale considération. Il est des hommes qui, par leur constitution physique et morale, se font de toute chose un tableau : quelque savoir, quelque esprit, quelque courage et quelques bonnes qualités qu'ils aient d'ailleurs, la nature ne les a point appelés au commandement des armées ni à la direction des grandes opérations de guerre. » (Napoléon, *Précis des guerres de Frédéric II.*)

Mais, patatras! aussitôt après la phrase en question, on tombe sur une autre qui est absolument inconcevable. « Il (Koutouzoff) comprend qu'il y a quelque chose de plus important et de plus fort que sa volonté : c'est la marche inévitable des événements. Il sait les voir, il sait comprendre leur rôle, et, en raison de ce rôle, il sait renoncer à participer à ces événements, à avoir une volonté personnelle qui ait une direction différente (?) ».

De quelle façon, un homme qui est libre de choisir l'une quelconque des propositions qu'on lui fait, peut-il en même temps renoncer à participer à des événements qui peuvent prendre une tournure différente, précisément en conséquence du choix que cet homme aura fait? Voilà ce que nous ne pouvons pas comprendre, et nous défions bien qui que ce soit de chercher à le comprendre.

La bataille de Borodino a fourni à l'auteur une occasion toute spéciale de manifester à la fois le côté brillant de son talent d'artiste et l'unilatéralité de ses conceptions théoriques. Les scènes qui se passent à Borodino et dans la batterie Rayefsky sont rendues magistralement. Même l'opinion de Tolstoï, que le premier plan était de prendre position le long de la Kolotcha jusqu'à Chévardino même, mérite une très sérieuse attention. Là où il s'agit d'avoir de la justesse de coup d'œil (et non pas de raisonnement), l'auteur se trompe rarement. Nous sommes positivement tout disposé à admettre comme lui que la première conception du haut commandement de notre armée était d'accepter le combat dans une position couverte par la Kolotcha dans toute son étendue. Il est à noter, en effet, qu'en adoptant cette manière de voir, ce qu'il y avait d'inexplicable jusqu'à présent dans notre dispositif prend un sens logique.

De fait, l'ouvrage du flanc droit sur lequel on a tant plaisanté sous prétexte que la gorge en était tournée vers l'ennemi, la trop forte occupation de la position au nord de la nouvelle route de Smolensk, la négligence commise par rapport à l'ancienne route de Smolensk, tout cela découle comme une conséquence parfaitement logique de l'adoption d'un dispositif le long de la Kolotcha, c'est-à-dire à angle aigu par rapport à la nouvelle route de Smolensk. On pouvait craindre, en effet, avec un pareil dispositif, que Napoléon n'attaquât notre aile droite parce que le flanc droit eût été beaucoup plus près de la ligne de retraite que le gauche à Chévardino, et qu'en l'enforçant Napoléon nous eût mis dans une situation beaucoup plus critique qu'en opérant contre notre flanc gauche. Sans compter que la Kolotcha en cet endroit-là, si l'on en juge d'après le plan annexé à l'ouvrage du général Bogdanovitch, présente plusieurs points de passage faciles, et que sa rive gauche (celle que les Français occupaient) commande dans bien des places la rive droite[1]. Par conséquent, l'obstacle tactique présenté par la Kolotcha pouvait être compté comme trop faible pour obliger Napoléon à renoncer à une combinaison qui nous eût mis dans une situation stratégiquement très fâcheuse, en menaçant de nous couper de notre ligne de retraite, si son attaque réussissait. Ajoutez à cela que le côté stratégique des combinaisons de combat commençait à être à la mode grâce à Jomini, qu'on s'attendait de la part de Napoléon aux entreprises et aux coups les plus invraisemblables, et alors il sera bien facile de comprendre que l'attention principale devait se porter sur le flanc droit de la position du moment où le flanc gauche devait être à Chévardino. C'est ce qui se traduisit par une accumulation considérable de troupes sur le flanc droit et, par la force de l'ouvrage qui y fut construit, supérieure, à en juger par le plan, à celle des autres travaux qu'on se proposait d'établir sur la position. En supposant le flanc gauche de la position à Chévardino, il est visible que l'ouvrage en question n'a plus du tout sa gorge tournée vers l'ennemi et constitue seulement un crochet défensif à l'extrémité du flanc droit. La preuve que, suivant toute probabilité, Napoléon lui-même n'avait pas primitivement l'intention de marcher contre notre flanc gauche, c'est que le gros de ses forces ne déboîta de la nouvelle route de Smolensk et ne commença à passer la Kolotcha que quand nos tirailleurs en position auprès d'Alexino, sur la rive droite de la Kolotcha, ouvrirent le feu sur le flanc des colonnes françaises qui s'avançaient de Valouïevo sur Borodino. Les rapports de plusieurs de ceux qui ont joué un rôle à Borodino indiquent en toutes lettres Chévardino comme flanc gauche de la position, et leur témoignage vient ainsi à l'appui de l'opinion de Tolstoï. Du reste, si l'on adopte le

---

[1] Encore à en juger par le plan, car dans le texte il est dit que la rive droite domine la rive gauche dans toute son étendue.

bien-fondé de cette manière de voir, il faut avouer que cela n'introduira qu'un très léger changement dans le compte rendu de la bataille. Il suffira d'appeler l'affaire de Chévardino non plus un combat d'avant-postes, mais le premier jour de la bataille de Borodino.

Mais, tout en rendant justice au coup d'œil de l'auteur dans le cas que nous venons d'examiner, il est impossible de ne pas signaler que, même en cette circonstance, il produit à l'appui de sa thèse des arguments qui frappent par leur étrangeté et dénotent le dilettantisme le plus complet à propos de la guerre : « Et pourquoi l'a-t-on défendue (la redoute de Chévardino) le 24[1] jusque dans la nuit? Pourquoi y a-t-on dépensé tant d'efforts et perdu 6,000 hommes? Pour observer l'ennemi, il eût suffi d'une patrouille de cosaques. » Voilà un raisonnement qui montre absolument le danger qu'il y a à nier la théorie de la guerre sans savoir seulement en quoi elle consiste. Pour les dilettantes, une armée de 100,000 hommes n'est pas un gros animal qui s'étale sur des dizaines de kilomètres; ils ont l'air de s'imaginer qu'on puisse la tenir concentrée sur un seul point. La théorie de la guerre, si limité que soit le champ de ses investigations, leur ferait comprendre pourtant qu'une armée de 100,000 hommes se couvre avec un rideau dont une patrouille de cosaques ne pourrait guère que trouer une maille; qu'elle détache souvent, rien que pour donner le change, des dizaines de mille hommes; que tout cela se répand sur des distances tellement étendues qu'il est absolument impossible de constater par la vue le nombre des troupes qu'on a en face de soi et qu'on en est réduit à présumer des forces de l'adversaire seulement par le degré de résistance qu'éprouvent les avant-postes.

Nous ne nous arrêterons pas sur les scènes de combat de la bataille de Borodino, car nous avons déjà exprimé notre opinion sur le talent magistral de l'auteur pour représenter des tableaux semblables, et nous passons immédiatement aux conceptions théoriques auxquelles il se livre à propos de cette bataille.

Celles-ci sont tellement étranges qu'on ne peut qu'être involontairement frappé d'étonnement en voyant un seul et même homme

---

[1] Date russe.

peindre aussi excellemment les scènes de combat et expliquer aussi mal les phénomènes de la guerre et du combat.

A son avis, la bataille de Borodino n'avait aucune raison d'être, pas plus pour les Russes que pour les Français[1]. Suivant lui, le résultat le plus immédiat de cette bataille fut pour les Russes qu'elle accéléra la perte de Moscou, et pour les Français qu'elle accéléra la ruine de leur armée. Il y a pourtant une chose bien simple que l'auteur ne peut ignorer : c'est que personne ne peut deviner d'avance le résultat d'un combat, et que, si une armée se décide à livrer bataille et l'autre à l'accepter, c'est avant tout et surtout parce que les commandants en chef de ces deux armées ont des raisons pour compter sur la probabilité de la victoire plutôt que sur celle de la défaite. Quand une pareille conviction n'existe pas à la fois chez les deux adversaires, on ne livre pas bataille, on s'y dérobe. Mais l'auteur traite cette question comme un problème d'arithmétique et il aligne ses chiffres, non pas en partant des données que le commandant en chef peut avoir avant la bataille, mais au contraire en se basant sur celles qui ne se révèlent qu'après la bataille. Napoléon n'avait poussé aussi loin que parce qu'il comptait qu'en battant notre armée, il nous contraindrait à une paix avantageuse pour lui. Quant à nous, il nous était impossible, sans nous couvrir de honte à la face de toute la Russie, de laisser arriver Napoléon jusqu'à Moscou sans avoir essayé une seule fois les chances d'une bataille sérieuse. Il nous semble qu'il y avait là des motifs fondés des deux côtés pour risquer une affaire. Mais l'auteur ne le voit point, et il ne le voit pas parce qu'à n'importe quel prix il lui faut arriver à cette phrase que « Koutouzoff et Napoléon, en donnant et en acceptant la bataille de Borodino, ont agi sans raison et sans libre arbitre ». L'auteur ajoute ensuite, sans aucun lien concevable avec ce qui précède : « Les anciens nous ont laissé des types de poèmes héroïques où les héros absorbent tout l'intérêt de l'histoire, et

---

[1] Remarquons en passant qu'ici comme ailleurs, l'auteur a cru nécessaire de préparer le lecteur à ses raisonnements par la scène de la toilette de Napoléon qui se fait frotter d'eau de Cologne et auquel on présente le portrait du roi de Rome : tout cela n'est manifestement qu'une tentative détournée pour amoindrir la figure colossale du soldat de génie et pour prédisposer le lecteur à gober les raisonnements qui vont suivre.

nous ne pouvons pas encore nous accoutumer à ce que l'histoire ainsi racontée n'ait plus de sens pour l'époque actuelle de l'humanité ».

De notre temps, il n'est venu à l'idée de personne de considérer Napoléon, encore bien moins Koutouzoff, comme des héros au sens antique du mot. Mais entre ne pas considérer comme des dieux ou des demi-dieux des hommes qui sortent réellement de l'ordinaire toutefois, et tâcher de prouver que leurs décisions ne sont ni libres ni raisonnables, il y a tout un abîme. Ce n'est pas en imaginant d'attribuer à Napoléon dans son armée un rôle tout aussi peu important que celui du dernier soldat ou voiturier, que l'histoire se rendra digne de l'époque actuelle de l'humanité, mais au contraire en montrant sous son vrai jour le rapport entre la force des masses et celle des personnalités qui les dirigent. Nous sommes tout à fait d'accord sur ce que l'histoire était dans une fausse direction quand elle ne s'occupait que des têtes et négligeait le corps de la masse. C'était ne voir les choses que sous une seule face. Mais ce n'est pas une raison pour retomber dans le même défaut en se lançant dans une direction diamétralement opposée et de ne plus s'occuper que du corps de la masse en négligeant les têtes. Nous reconnaissons parfaitement que, pour arriver à la réalisation de certaines tendances chez un peuple, il faut parfois une période assez longue avant que ces tendances n'aient embrassé toute la masse, période pendant laquelle certaines individualités, qui courent trop en avant, périssent. Mais nous savons aussi que, pour la réalisation de ces tendances, il faut qu'il apparaisse *un homme* qui leur donne une forme sensible, qui les incarne, qui fixe leur but; nous savons aussi qu'avant de pouvoir se répandre dans la masse, il y a des tendances qui doivent germer dans *une seule tête*.

L'auteur est bien forcé de reconnaître que s'il y avait eu, à la place de Napoléon, un Desaix, un Hoche, un Carnot, etc., la vie de la France, entre 1793 et 1815, ne se serait pas déroulée de point en point comme elle l'a fait sous Napoléon. Assurément il n'y a pas de faits pour le prouver, mais en revanche il existe une vérité, qui s'applique aussi bien au monde moral qu'au monde matériel, c'est que, si l'on vient à changer une composante quelconque, la résultante doit forcément changer de graneur et de direction. Telle est, à notre avis, la loi qui régit le rapport des *forces*[1] dont se compose la vie des peuples dans toutes ses manifestations.

Cette tendance de Tolstoï à nier le rôle des personnalités dirigeantes est d'autant plus étrange qu'il reconnait qu'en dehors de la vie individuelle d'une personnalité, il y a encore une vie collective[2], où cette personnalité n'est plus à son tour qu'un atome. Cela étant, pour quelle raison l'auteur feint-il d'ignorer que la ruche aussi possède sa reine et qu'il y a des reines productives[3] et des reines parasites[4], ce qui influe énormément sur la prospérité de la ruche ; enfin que si la reine meurt l'essaim se disperse et cesse d'exister à son tour, en tant qu'essaim, s'il ne retrouve pas une autre reine. Une reine sans l'essaim ne signifie rien ; mais l'essaim aussi sans une reine ne vaut pas grand'chose.

Nous sommes ici en présence de faits tellement positifs qu'il semble que le doute ne puisse y trouver place. L'ancienne direction même de l'histoire a beau être unilatérale, mais elle montre clairement toutefois l'importance considérable des personnalités dirigeantes, importance si énorme qu'elle a longtemps mis dans l'ombre les forces dont ces personnalités étaient les représentants et les mandataires. Tolstoï s'évertue à prouver tout le contraire en se basant sur ce que *la dignité humaine lui suggère que chacun de nous vaut*, comme homme, *tout autant, si ce n'est plus, qu'un Napoléon*. Rien n'est mieux fait pour dérouter les idées que de belles phrases vagues comme celle-là. Il faut bien préciser par quoi et comment chacun d'entre nous peut valoir comme homme tout autant si ce n'est plus qu'un Napoléon. Tolstoï considère probablement le prince André comme un homme très fort, très capable et très développé, et pourtant il nous le montre soumis au charme de Bagration pendant l'attaque de Schœngraben, soumis non par devoir, mais par un entraînement intime involontaire, puisqu'il nous parle du grand bonheur qu'il ressent alors. Le don de soumettre ses semblables à son influence peut être donné même à un homme, qui sera fort inférieur au point de vue humain, et cela n'empêchera pas les gens les plus

---

[1] C'est-à-dire la masse d'un côté, le directeur de la masse de l'autre.
[2] Celle de la ruche, comme l'auteur la nomme.
[3] Napoléon, Souvoroff, Koutouzoff, Bagration, etc.
[4] Mack, Villeroy, prince de Lorraine, etc.

cultivés, les plus honorables et les plus moraux de le suivre. Le même don peut être refusé à l'homme le mieux doué au point de vue humain. Par conséquent tous ces bavardages sur la dignité humaine n'expliquent et ne peuvent démontrer rien dans la question qui nous occupe.

Pour soutenir sa théorie, Tolstoï va jusqu'à faire une superbe découverte : c'est qu'à Borodino Napoléon n'a tiré sur personne et n'a tué personne. Du moment où l'on pose la question de cette manière, on peut dire qu'aucun soldat n'a tué personne non plus; car ce qui a tué, à proprement parler, ce sont les projectiles et les baïonnettes. Est-ce une raison pour reconnaître à ces engins un libre arbitre et leur attribuer un rôle supérieur à celui des éléments vivants d'une armée ? Mais la perle, c'est quand l'auteur finit par dire que « si Napoléon leur avait défendu maintenant de se battre avec les Russes, ils l'auraient tué lui-même et seraient allés se battre avec les Russes, parce qu'ils ne pouvaient faire autrement ».

Pardon, une question ! Quand l'armée française a-t-elle été dans la plus mauvaise position ? Avant la bataille de Borodino, ou bien à Krasnoé et pendant le passage de la Bérézina ? La réponse n'est pas douteuse, je crois. Pourquoi donc alors Napoléon n'a-t-il pas été tué par ses soldats quand il était devenu clair pour le dernier d'entre eux qu'il les avait conduits en Russie à leur ruine ? Pourquoi dans ces moments terribles, alors qu'il avait déjà sacrifié des centaines de mille hommes pour cette entreprise insensée, pourquoi les débris qui leur avaient survécu, affamés, en haillons, à moitié gelés, n'ont-ils trouvé rien à crier d'autre à celui qui les avait amenés là, un homme comme eux après tout, que des acclamations enthousiastes et fanatiques de « Vive l'Empereur ! » ? Quand on aborde de pareilles questions il est impossible de les traiter par-dessous la jambe, de les résoudre en invoquant je ne sais quelle « fatalité », je ne sais quelle « dignité humaine », ou en partant de ce qu'à Borodino Napoléon n'a tué personne de sa main.

Il vaut bien mieux n'y pas toucher du tout que de raisonner d'une pareille manière, que de troubler et de dérouter les lecteurs assez crédules pour adopter comme article de foi tout ce que veut un auteur qui sait les charmer par des scènes admirablement décrites. Nous n'avons du reste aucunement la pensée de soupçonner la sincérité de Tolstoï. Il est vraisemblablement la première victime du mirage de ses idées; mais nous tenons seulement à montrer que tout cela est « mirage », et rien que « mirage ».

Tous les raisonnements de l'auteur sur ce thème ont le même caractère d' « unilatéralité » que ceux qui précèdent. Son emballement va si loin qu'il cite l'ordre de Weirother pour la bataille d'Austerlitz comme un modèle de perfection dans son genre; il est évident qu'il ne se doute même pas des conditions qu'un ordre doit posséder pour être considéré comme bon ou mauvais. Nous nous permettons de les donner ici, en faisant encore cette fois un emprunt à la théorie de l'art de la guerre. Plus un ordre est simple, plus il met en relief le but que les troupes doivent atteindre, sans entrer dans les détails de l'exécution, et mieux il vaut. Nous proposons à l'auteur de comparer, en partant de ce point de vue, l'ordre de Napoléon avant la bataille de Borodino à celui de Weirother, et nous espérons qu'il comprendra qu'on a le droit de considérer le premier comme parfait, sans être taxé d'admiration servile pour le génie de Napoléon, parce qu'il est réellement parfait.

Tolstoï nous dit qu'il ne vaut rien, parce qu'aucun de ses points n'a été fidèlement exécuté. Étrange reproche dans une affaire, où la réaction de l'ennemi à chaque pas interpose mille obstacles entre le but à atteindre et les exécutants. Si l'on ne perd pas cela de vue, il n'est pas malin de comprendre qu'on ne peut jamais prédire d'avance à coup sûr si le but sera atteint ou non; en d'autres termes, si l'ordre sera ou non exécuté [1]. L'auteur a l'air de s'imaginer, ma parole! qu'un ordre modèle doit prévoir et énumérer d'avance toutes les péripéties du combat; bref, nous nous heurtons ici chez lui à cette conception mécanique de la guerre, qui nous avait choqué chez le prince André, et dont l'auteur ne peut en aucune façon se dégager, bien qu'il comprenne parfaitement les propriétés de la force vivante dont

---

[1] C'est vrai non seulement pour les troupes, mais même pour une chose morte, comme un projectile; si habile que soit le tireur, peut-il jamais garantir d'avance que sa balle frappera le point qu'il vise? Et pourtant cette balle ne rencontre pas en route, il s'en faut de beaucoup, les obstacles qui surgissent entre l'homme et son but dans un combat.

l'emploi exclut, sous peine d'absurdité, tout calcul préconçu, une fois qu'il s'agit des détails.

Bien caractéristique aussi la fin de toute cette tirade où Tolstoï veut expliquer que ce n'est pas Napoléon qui a résolu de livrer la bataille de Borodino, mais qu'il s'est imaginé seulement que c'est lui qui l'avait voulue. « Napoléon, à Borodino, a rempli son rôle de *représentant du pouvoir*, aussi bien et encore mieux que dans d'autres batailles. Il n'a rien fait de nuisible à la marche de l'action; il a toujours penché en faveur de l'idée la plus rationnelle; il ne s'est pas embrouillé, ne s'est pas mis en contradiction avec lui-même [1], ne s'est pas effrayé, ne s'est pas sauvé du champ de bataille; mais avec son grand tact, sa longue expérience de la guerre, a accompli son rôle, tout de forme et d'apparence, de commandant en chef. »

Inutile, je pense, d'insister sur la contradiction où tombe encore ici Tolstoï, entre le rôle seulement d'apparence qu'il attribue d'abord à Napoléon comme représentant du pouvoir, et le rôle effectif qu'il lui reconnaît ensuite, par là même qu'il nous dit *que Napoléon n'a rien fait qui pût nuire à la marche du combat*, et *a toujours penché en faveur de l'idée la plus rationnelle*. Car cette contradiction n'a pu échapper à un lecteur tant soit peu attentif. L'important, c'est de remonter une fois encore à la source de toutes ces contradictions. Du reste, elle est toujours la même : c'est l'habitude de ne représenter qu'une face des phénomènes transportée indûment dans un domaine des opérations de l'esprit qui exige au contraire leur examen sous toutes les faces possibles. Un emprunt au livre de Trochu nous permettra de le démontrer. Prenons la suite de la description du commencement d'un combat que nous avons citée plus haut. Nous nous y sommes arrêté, comme on peut se le rappeler, au moment où les troupes pénètrent dans la zone des feux, et où les chefs ont le devoir de les électriser par leur attitude calme et par une parole dite à propos.

« C'est aussi l'heure de manœuvrer, c'est-à-dire de prendre « les formations tactiques que conseillent les dispositions du « terrain, les mouvements de l'ennemi et les circonstances. Car

---

[1] Tolstoï doit pourtant savoir combien il est difficile de ne pas se contredire, même quand on ne fait qu'écrire, à plus forte raison quand on agit...

« *les troupes sont encore tout entières à leurs généraux*, *elles ont* « *les yeux sur eux, elles attendent tout d'eux* et elles obéissent « silencieusement à leur parole. Encore un instant, *et leur voix* « *et toutes les voix du commandement seront dominées par la* « *tempête du combat.* »

Puis vient une magnifique description du désordre pendant le combat, qui vaut bien celles de Tolstoï. C'est bien clair, ce me semble ; le combat présente deux moments : le premier, pendant lequel les troupes sont encore tout entières sous l'influence de leurs généraux ; le second, où elles font leur affaire aussi bien qu'elles sont capables de la faire *par elles-mêmes.*

Rapprochons maintenant les idées de Tolstoï, que nous venons d'examiner, du passage de Trochu, et l'origine des raisonnements du premier sur la nullité de l'influence des généraux dans le combat se révèle d'elle-même : c'est que notre auteur décrit d'habitude le second des moments du combat, et en est tellement empoigné, qu'il en oublie l'existence du premier moment.

Tolstoï est donc arrivé ici tout naturellement à la conclusion, à laquelle sera conduit tout investigateur qui, intentionnellement ou de bonne foi, n'étudiera qu'une face d'un phénomène, au lieu de les envisager toutes. Ainsi, par exemple, si, dans le tir, on ne considère que le moment où la balle est déjà sortie du canon et vole vers la cible, on peut dire que la participation du tireur ici est nulle, qu'il n'a aucune influence sur la direction de la balle, enfin que l'art du tir est une absurdité ; car quelle habileté peut-il y avoir dans une affaire dont la réussite dépend de tant d'éventualités : du vent, de l'humidité ou de la sécheresse de l'atmosphère, de l'éclairage, etc., etc. On peut soutenir que le tireur ne joue qu'en apparence un rôle directeur, puisqu'il ne fait que choisir le but, charger, déterminer la distance, viser et lâcher la détente ; tandis que la balle volera ensuite non pas comme le tireur le désire, mais comme le détermineront des éventualités absolument indépendantes du tireur.

Une fois résolu à pousser jusqu'au bout et à faire triompher une manière de voir aussi « unilatérale », l'auteur était bien obligé, pour tenir sa gageure, de laisser de côté ou de traiter comme chose insignifiante, indigne d'un examen sérieux, tout ce qui venait à l'encontre. Nous en trouvons un exemple dans la fameuse conversation de Rapp et de Napoléon :

« Savez-vous, Rapp, ce que c'est que l'art de la guerre? de-
« mande Napoléon. Eh bien ! c'est l'art d'être plus fort que l'en-
« nemi à un moment donné. Voilà tout ! »

Pour des gens qui ne sont pas très familiers avec la théorie de la guerre, ou qui tiennent à affecter un ton méprisant, dans le but de dissimuler leur ignorance, quel sujet fécond de plaisanteries de mauvais aloi ! Il nous semble voir d'ici quelque gaillard avec des prétentions bien au-dessus de son savoir, et l'entendre s'écrier : « Voilà tout ! C'est le cas de dire que l'on nous en conte « des blagues, avec l'histoire militaire, la stratégie, la tactique, « l'administration, dont il faut se bourrer. Tout ça, quand la « chose est si simple : Être plus fort que l'ennemi à un moment « donné, savoir amener à temps ses vivres et ordonner à l'un « d'aller à droite, à l'autre d'aller à gauche ! »

Tout principe général est d'une extrême simplicité, et c'est pour cela qu'il a l'air accessible à l'intelligence la plus bornée. Mais dans une affaire pratique, l'essentiel n'est pas de *connaître* le principe, mais de *savoir l'appliquer*. On a beau avoir appris le principe, on n'est guère plus avancé qu'un perroquet que l'on aurait dressé à répéter que « l'art de la guerre est celui d'être plus fort que l'ennemi à un moment donné. » Le chêne vient du gland et, par conséquent, le gland contient tout le chêne en principe. Mais qui connaît le gland n'a pourtant encore aucune idée du chêne. On peut savoir par cœur une formule de mathématiques sans se représenter la courbe dont elle est l'expression, sans voir toutes les variétés de forme que peut prendre cette courbe dans toutes les hypothèses possibles.

L'opinion que les généraux ne font rien dans un combat, constitue le motif dominant des raisonnements de l'auteur ; c'est le refrain de la chanson qui revient après chaque couplet. Il n'y a que la forme qui change un peu.

« Napoléon fit des dispositions ; mais les unes avaient été déjà exécutées avant son ordre, les autres étaient inexécutables et ne furent pas mises à exécution.

« Toutes les dispositions concernant l'emplacement et le mode d'emploi des canons, l'entrée en action des tirailleurs de l'infanterie, les charges de cavalerie contre les fantassins russes furent prises par les chefs les plus immédiats dans les troupes des différentes armes sans en référer ni à Ney, ni à Davout, ni à Murat, encore bien moins à Napoléon.

« Koutouzoff ne fit aucune disposition et se contenta d'approuver ou de ne pas approuver celles qu'on lui proposa. »

« Sa longue expérience de la guerre lui avait appris, ses idées de vieillard le portaient à comprendre que *la direction* de centaines de mille hommes, engagés dans une lutte à mort, est au dessus des forces d'un homme. Il savait que le sort des batailles ne dépend pas des dispositions du commandant en chef, de la position occupée par les troupes, de la quantité des canons et des gens tués, mais de cette force insaisissable qu'on appelle le moral des troupes, et c'est cette force qui lui servait de guide et qu'il cherchait lui-même à diriger autant que c'était en son pouvoir [1]. »

Ne résulte-t-il pas clairement de ces citations ce que nous avons toujours dit, à savoir que l'auteur, intentionnellement ou à son insu, ne dépeint que la période du combat où les troupes cessent d'être dans la main des chefs les plus élevés et qu'il oublie complètement le premier moment pendant lequel il est absolument dans le pouvoir du chef de *faire marcher ou de ne pas faire marcher les troupes à l'attaque, de les diriger sur tel ou tel point, d'en engager plus ou moins*. Tolstoï nie la possibilité de *la direction* des troupes; mais, malheureusement, il n'explique nulle part ce qu'il entend exactement par ce mot de *direction*, car cette explication aurait suffi pour montrer du même coup qu'il se faisait une fausse idée de la chose. Essayons donc, en partant des citations précédentes, de nous représenter la façon dont l'auteur comprend cette *direction :*

1° Le fait que les deux commandants en chef se bornent à accepter les combinaisons qu'on leur propose et à ordonner les dispositions relatives à leur exécution, ou bien à les rejeter purement et simplement, ne constitue pas à son avis une direction;

2° Le fait qu'ils dirigent le moral des troupes, n'est pas non plus une direction;

3° Le fait que les chefs en sous-ordre, *une fois qu'ils ont reçu*

---

[1] Ainsi il ressort du commencement de la phrase qu'il est impossible à un homme de diriger des centaines de mille hommes dans une bataille, et de la fin de la phrase, qu'il le peut tout de même; car diriger *des hommes*, ou diriger *le moral de ces hommes*, c'est tout un.

des généraux une mission, accomplissent cette mission par eux-mêmes, en se réglant sur les éventualités perpétuellement changeantes du combat, sans attendre d'ordres ultérieurs des Ney, des Davout, des Murat, prouve que ces derniers ne remplissent dans le combat qu'un rôle nul ou presque nul.

Il en résulte qu'au point de vue de l'auteur, on ne saurait admettre que Napoléon et ses aides les plus immédiats aient dirigé le combat qu'à la condition que chacun d'eux eût conduit lui-même les bataillons et les escadrons à l'attaque et présidé en personne aux changements d'emplacement des batteries. Mais si les grands chefs pouvaient faire tout cela, à quoi bon alors avoir des divisionnaires, des brigadiers, des colonels, etc...? Est-ce que le fait même qu'on a reconnu la nécessité de ces derniers ne prouve pas l'insanité de cette conception. Réciproquement, si les sous-ordres faisaient tout par eux-mêmes, on pourrait se passer des grands chefs; nouvelle absurdité! Car, qui ferait converger alors vers un même but les efforts séparés de très nombreuses unités? On le voit bien, tous les raisonnements de Tolstoï ont leur racine dans l'erreur qu'il commet sur le sens du mot « direction » aux différents échelons de la hiérarchie militaire et pendant les différentes périodes du combat.

En se plaçant au point de vue de Tolstoï, on peut dire aussi qu'un chef d'orchestre n'a qu'un rôle nul, parce qu'il ne joue d'aucun instrument et n'ajoute à l'harmonie générale rien de saisissable; il ne peut pas empêcher non plus un de ses musiciens de faire une fausse note, ni avaler ses couacs, ni même réparer en quoi que ce soit les bévues une fois qu'elles sont commises. Le chef d'orchestre! Monsieur! Mais c'est un homme qui ne fait rien, qui ne sert à rien! Ce sont les musiciens en jouant leur partie du mieux qu'ils peuvent, ou plutôt leurs instruments en résonnant chacun à leur manière, qui font toute la besogne. — Ah! Eh bien! trouvez donc un orchestre qui consente à jouer sans ce parasite qui se trémousse au milieu sans rien faire (d'après la théorie de l'auteur)! Vous n'avez donc jamais remarqué que quand le chef d'orchestre est mou, l'exécution aussi est languissante? Qu'au contraire, lorsqu'il est énergique, les musiciens semblent puiser d'on ne sait où des forces nouvelles? Écoutez les gens compétents, et ils vous expliqueront.

qu'un chef d'orchestre qui a du talent et de l'originalité est capable de donner à un morceau un cachet tout spécial, ce qui lui donnera, aux yeux des plus connaisseurs, le charme de la nouveanté et de la surprise. Il n'est pas dit même que tout le monde le reconnaîtra. Ainsi, en musique, là où la disposition (c'est-à-dire la partition) n'est pourtant pas, dans la plupart des cas, l'œuvre de celui qui préside à l'exécution, les qualités personnelles de cette individualité dirigeante sont dans l'exécution un facteur très influent. Combien l'importance de ces qualités personnelles ne doit-elle donc pas être plus grande encore dans une affaire où la personnalité dirigeante est aussi celle qui a créé la partition (c'est-à-dire les ordres, la disposition), et où le but poursuivi ne s'atteint qu'au milieu d'un danger continuel et d'éventualités sans nombre?

Et c'est l'auteur qui a si merveilleusement décrit ces courants insaisissables par lesquels toutes les bonnes et les mauvaises nouvelles se répandent dans une armée, c'est le même auteur qui vient affirmer que le rôle de la personnalité dirigeante est nul, quand il dépend d'elle de tourner même une mauvaise nouvelle à l'avantage de la chose commune...

« Vous avez vu ça? Vous avez vu ça, vous? » cria Koutouzoff, les sourcils froncés, en se levant brusquement et marchant sur Wolzogen. « Comment... comment osez-vous! » cria-t-il encore, d'une voix étranglée par la colère, en gesticulant d'une façon menaçante avec ses mains tremblantes. « Comment osez-vous, mo...ossieu, me dire cela *à moi!* Vous ne savez rien, entendez-vous. Allez dire de ma part au général Barklay que ses renseignements sont inexacts et que je connais mieux que lui, moi, maréchal, la marche de la bataille. »

Wolzogen fit mine de vouloir placer un mot, mais Koutouzoff lui coupa la parole.

« L'ennemi est repoussé à gauche et battu à droite. Si vous avez mal vu, Mo...ossieu! ce n'est pas une raison pour vous permettre de dire ce que vous ne savez pas. Veuillez bien aller trouver le général Barklay et lui communiquer que mon intention est d'attaquer l'ennemi demain », dit Koutouzoff d'un ton sévère. On n'entendait, au milieu du silence général, que la respiration bruyante du vieux commandant en chef, oppressée par le bouillonnement intérieur de son sang.

« Oui, ils sont repoussés partout, ce dont je rends grâce à Dieu et à nos braves troupes. L'ennemi est battu, et demain nous nous mettons à ses talons pour le chasser du sol sacré de la Russie », ajouta Koutouzoff en se signant. Et tout à coup sa figure se plissa pour contenir des larmes prêtes à déborder.

Wolzogen eut un mouvement d'épaules, une contraction des lèvres, et, sans dire une parole, se retira de côté, abasourdi *über diese Eingenommenheit des alten Herrn*[1].

Koutouzoff, sans même lui jeter un regard, ordonna de rédiger l'ordre pour l'attaque du lendemain.

Et par ce fil conducteur mystérieux et indéfinissable, qui maintenait toute l'armée dans un seul et même état d'âme, qu'on appelle le moral des troupes et qui est le nerf capital de la guerre, les paroles de Koutouzoff et son ordre pour la bataille du lendemain *furent transmis jusqu'aux extrémités de l'armée en même temps.*

Et apprenant que le lendemain on attaquait l'ennemi, entendant confirmer par les hautes sphères de l'armée ce qu'ils désiraient eux-mêmes tous croire, nos gens épuisés et hésitants reprenaient confiance et courage.

Figurons-nous maintenant, à la place de Koutouzoff, un de ces généraux en chef qui se font des tableaux, comme dit Napoléon, c'est-à-dire qui dans une mouche voient un éléphant. Un homme pareil, en recevant le rapport de Wolzogen, aurait été convaincu que tout était perdu, qu'il n'y avait plus qu'à battre en retraite au plus vite. Les aides de camp auraient commencé à voltiger dans toutes les directions avec des physionomies plus ou moins consternées. La retraite précipitée, la bousculade auraient commencé, et si elles n'avaient pas, par bonheur, dégénéré en déroute, en tout cas le résultat de la victoire morale, que nous avions effectivement remportée, eût été perdu. Quand on se représente tout cela, on est bien amené à reconnaître que la personnalité du commandant en chef a pourtant une importance tant soit peu différente de ce que s'imagine l'auteur de *Guerre et Paix*. Tolstoï, du reste, est à lui-même son meilleur critique : dès qu'il se met à peindre les événements, c'est un véritable renfoncement pour ses élucubrations théoriques.

Nous n'avons omis, j'espère, aucune des théories les plus sail-

---

[1] « De l'entêtement du vieux sire. »

lantes de l'auteur. Leur « unilatéralité », comme le lecteur peut s'en apercevoir, et comme nous l'avons répété maintes fois, provient de la même cause que tous les faux raisonnements du monde. Celle-ci tient à ce que l'esprit ne fait pas entrer en ligne de compte toutes les données dont le raisonnement doit se composer dans la question qui est sur le tapis. Il est arrivé ici, à Tolstoï, la même aventure qu'à Platon autrefois avec sa fameuse définition de l'homme, l'animal à deux pattes et sans plumes. Il mériterait aussi qu'on lui lâchât quelque chose comme un coq plumé dans les jambes. En raison des particularités de son talent, il nous semble que Tolstoï devrait avoir comme devise : Je ne juge pas, je raconte. Ce n'est qu'à cette condition qu'il peut procurer à ses lecteurs des jouissances élevées et ajouter à leur instruction, sans risquer de fausser l'esprit de ceux d'entre eux qui ont trop de propension naturelle à subir l'autorité d'un auteur, sans fournir des sophismes à ceux qui en ont besoin pour justifier leur ignorance. Tolstoï, probablement, ne s'est jamais imaginé que son livre pouvait servir à un pareil emploi. Et c'est pourtant le cas! Du reste, il admet lui-même que l'homme, dans toute affaire qu'il a entreprise, n'est pas maître des *conséquences et ne peut même pas les prévoir toutes*. Son ouvrage de *Guerre et Paix* en est précisément un exemple bien frappant. Je vous prie de croire qu'ici je n'invente rien et que je me borne à rapporter des faits. Eh bien! je suis tombé sur des gens qui n'avaient retenu du livre qu'une seule chose : c'est que l'art de la guerre n'existe pas, c'est qu'en somme il n'est pas bien malin d'amener à temps des approvisionnements, et de faire aller une partie de son monde à droite et l'autre partie à gauche, bref qu'on peut être un commandant en chef sans rien savoir, sans avoir rien appris.

La différence essentielle entre une représentation artistique et une déduction théorique consiste précisément en ce que la première peut reproduire un fait quelconque sans risquer de donner lieu à des conclusions absurdes et variant suivant la bêtise de chacun; tandis qu'une déduction théorique, si l'on n'y prend bien garde, tombe facilement dans « l'unilatéralité » et égare les esprits incapables de se rendre compte que la question a été envisagée seulement sous une de ses faces, ou prédisposés d'avance en faveur de cette solution.

Tant que vous dépeignez des commandants en chef qui ne font rien, des états-majors dont toute la mission ne semble consister qu'à mettre au jour des idées ineptes et à intriguer, des chefs de régiment superbes en temps de paix, mais complètement effacés sur le champ de bataille; tant que vous nous représentez même des types comme Télianine, vous êtes dans le vrai. Car il *peut y avoir* des états-majors ineptes, des commandants en chef qui ne jouent aucun rôle, etc. Mais du moment où vous voulez tirer une conclusion générale de ces faits particuliers, cette conclusion est et ne peut être que fausse, attendu que, si ce que vous dépeignez est possible, le contraire est tout aussi possible. Il est impossible de tout dépeindre à la fois, et, par conséquent, vous avez bien le droit de faire votre choix et de dépeindre ce que vous voulez. Mais vous n'avez pas le droit d'établir des conclusions sur les faits partiels que vous avez choisis.

Pour terminer, nous ne pouvons pas nous empêcher de signaler le développement magnifique de cette pensée, que c'est plutôt nous que les Français qui avons été victorieux à Borodino :

« Napoléon n'était pas le seul à éprouver ce sentiment, cette impression de mauvais rêve que le terrible marteau s'était brisé sur l'enclume. Tous les généraux, tous les soldats de l'armée française, même ceux qui n'avaient point pris part à la bataille, habitués par l'expérience des batailles auxquelles ils avaient assisté à voir l'ennemi céder après des efforts dix fois moindres, éprouvaient un égal sentiment de stupeur devant cet adversaire qui, réduit de moitié, continuait à tenir tête dans une attitude aussi menaçante qu'au début de la lutte. La force morale de l'armée française, de l'assaillant, était épuisée. Les Russes, à Borodino, avaient remporté non pas cette victoire matérielle qui se constate par la prise de lambeaux d'étoffe accrochés à des bâtons qu'on nomme drapeaux et par l'étendue de terrain gagnée sur l'adversaire, mais cette victoire morale qui impose à l'ennemi la conviction de la supériorité morale de son adversaire et de sa propre impuissance. »

A l'exception de la phrase étrange sur « les lambeaux d'étoffe accrochés à des bâtons qu'on nomme drapeaux », absolument déplacée du reste dans la bouche de Tolstoï, tout ce passage est d'une vérité profonde. Et à l'appui de cette assertion, nous nous permettons de citer un fait peu connu et qui, je crois, n'est rapporté nulle part, mais qui s'est conservé par tradition dans la mémoire des Français. Le lendemain de la bataille, dans la matinée, les généraux les plus importants se réunirent comme d'habitude devant la tente de Napoléon, et, en attendant sa sortie, leur entretien roula sur les événements de la veille. Ney s'emporta plus que tous les autres à dire que Napoléon n'avait pas été à sa hauteur ordinaire, et que ce n'était pas seulement son rhume qui en était cause[1], mais qu'il s'était enfoncé trop loin en Russie, et qu'en cas d'insuccès le risque à courir était trop grand. Ney alla jusqu'à s'écrier : « S'il a désappris son métier, qu'il aille se faire f..... aux Tuileries; nous ferons mieux sans lui ». La phrase fut entendue de Napoléon lui-même, qui envoya un aide de camp « au brave des braves » pour l'inviter à modérer ses expressions. Cet épisode ne prouve-t-il pas clairement que les chefs de l'armée française eux-mêmes considéraient la victoire comme nous appartenant?

Nous avons traité la phrase sur les drapeaux d'« étrange et de déplacée ». Elle l'est tout à fait dans la bouche de Tolstoï, et voici pourquoi : c'est qu'il est impossible que Tolstoï ignore cette propriété bien connue de la nature humaine, que l'importance de tout objet matériel pour l'homme ne dépend pas de sa valeur réelle, mais de l'idée que l'homme y rattache. Par conséquent, l'objet le plus insignifiant en lui-même peut devenir pour l'homme une chose sainte, dont la conservation se confond pour lui avec celle de son honneur, et qui lui devient infiniment plus chère que sa propre vie. Mais allons plus loin; descendons jusqu'aux objets auxquels l'homme ne rattache à proprement parler aucune idée particulière et qu'il jette lorsqu'ils sont devenus hors d'usage. Quel sentiment éprouverez-vous, par exemple, si un inconnu prend votre bout de cigarette placé à côté de vous et le jette par terre? Ne serez-vous pas offensé de l'acte de cet inconnu? Et pourtant ce qu'il a fait est au fond bien innocent; il a jeté par terre une chose qui vaut un centime peut être. Cela ne prouve-t-il pas que l'objet le plus insignifiant, du moment où il se rapporte à l'homme, devient pour ainsi dire une partie de lui-même et prend à ses yeux une valeur telle que toute façon un peu

[1] Quoiqu'un rhume, et Tolstoï lui-même n'est peut-être pas sans le savoir, puisse gêner très sensiblement le travail de l'esprit et de la volonté.

cavalière de traiter cet objet est considérée par lui comme un attentat contre sa dignité personnelle [1].

Si c'est vrai pour les individus, c'est encore bien plus vrai pour ces grandes *individualités composées qu'on nomme* des bataillons, des régiments. Pour suppléer à l'unité extérieure qui leur fait défaut, elles ont besoin de symboles, de signes matériels, dont les individus simples peuvent se passer. Ces signes matériels sont le témoignage palpable de l'unité morale des hommes qui composent une troupe donnée. Le drapeau n'est pas autre chose que ce symbole. Dans une troupe digne de ce nom, chacun doit être prêt à périr pour sauver la vie de la troupe. C'est cette vie, cette *âme* et le *drapeau*, son emblème sensible, matériel, qui seuls constituent l'élément immuable, éternel, autant que ce qui est créé par l'homme peut l'être. Une troupe qui a conservé son drapeau dans la bataille a aussi conservé son honneur intact, malgré toutes les crises qu'elle a traversées, toutes les pertes qu'elle a subies. Au contraire, une troupe qui a perdu son drapeau est dans la situation d'un homme déshonoré et qui n'a pas racheté son honneur. Ces considérations suffisent, je suppose, pour que chacun convienne qu'un lambeau d'étoffe qui réunit autour de ses plis des milliers d'hommes, et dont la conservation a coûté des centaines, des milliers de vies peut-être, bref tout le sang versé par ceux qui ont appartenu au régiment pendant son existence souvent plus que séculaire, que ce glorieux chiffon, dis-je, soit une chose sacro-sainte, une relique, et non pas seulement une relique conventionnelle pour les militaires, mais une relique dans le sens direct et général de ce mot. Voilà pourquoi tout le monde s'accorde à considérer le drapeau comme celui de tous les trophées qui témoigne le plus hautement de la victoire morale remportée sur l'adversaire. Tolstoï aurait bien fait de se rappeler qu'à Borodino, précisément, les Français ne réussirent pas à nous enlever un seul de ces carrés d'étoffe accrochés à des bâtons. Il aurait bien fait de ne pas oublier non plus qu'au bout de ces bâtons est fixé un symbole d'union d'un ordre encore plus élevé [2],

---

[1] Il n'est question ici, bien entendu, que de l'homme moyen, et non de l'homme supérieur habitué à contrôler et à réprimer ses instincts naturels et ses impressions premières.

[2] La croix. A une autre époque, l'aigle impériale.

un symbole qui, il le sait bien, est loin de n'avoir qu'une importance de forme pour les Russes. Il aurait bien fait de se souvenir enfin que sur ces lambeaux d'étoffe sont peintes des images saintes[1], ce qui donne à nos drapeaux le caractère réel d'une relique à la fois guerrière et religieuse, comme autrefois chez le peuple romain, celui de tous les peuples qui a le mieux compris le sens de ces emblèmes.

Mais l'auteur de *Guerre et Paix* sait tout cela aussi bien, sinon mieux que nous, et, s'il a laissé passer cette phrase, absolument incompatible avec cette vérité qu'il a lui-même proclamée — que la victoire est avant tout un fait moral et non un fait matériel, — nous ne l'attribuons qu'à un défaut d'attention, et nous sommes convaincu qu'il la fera disparaître dans la prochaine édition de ses œuvres[2]. Nous en sommes convaincu parce qu'elle est logiquement en contradiction avec l'importance qu'il reconnaît lui-même au moral des troupes dans le succès sur le champ de bataille, et parce qu'elle a douloureusement affecté ceux de ses lecteurs qui sont militaires non pas seulement par leur uniforme.

V.

Dans les derniers tomes de son œuvre, Tolstoï reste fidèle à lui-même. C'est toujours la même vérité de représentation des phénomènes, la même finesse d'analyse psychique, toutes les fois qu'il s'agit de la vie individuelle. Mais c'est aussi toujours la même présomption de n'envisager les choses que d'un seul point de vue, la même tendance à « l'unilatéralité » outrecuidante, la même habitude de ne point « achever le tour » des idées, dès qu'il entreprend de discuter les faits qu'il a décrits, de juger les personnalités au-dessus de l'ordinaire, les représentants, les conducteurs des masses. La seule différence, c'est qu'il y a moins de tableaux et plus de considérations que dans les premiers volumes, et encore, si l'on veut, que ces considérations, notamment au VIe tome, flottent dans un brouillard dû à l'emploi de grands mots et de phrases alambiquées, derrière lesquels il est

---

[1] Cette coutume, abandonnée par Pierre le Grand, a été reprise sous Alexandre III.

[2] Il l'a maintenue. 1895.

facile pourtant de découvrir les mêmes idées « unilatérales » que dans le tome IV.

La manière dont l'auteur argumente est toujours la même : il ne démontre point les assertions sur lesquelles il échafaude ses raisonnements, mais il cherche à les enfoncer dans la tête du lecteur comme un clou, en répétant indéfiniment la même chose sur tous les tons. Tantôt il se base sur les répugnances de l'esprit humain à admettre ce qui ne lui plaît pas à lui-même. Tantôt il invoque des faits qui auraient pu arriver, mais qui, en réalité, ne sont pas arrivés et ne pouvaient arriver. Tantôt enfin il a recours à des comparaisons avec un bateau à vapeur, un troupeau, etc., qui, en général, ne correspondent pas du tout au sujet.

Au commencement du tome V, Tolstoï pose en fait que la continuité absolue du mouvement est incompréhensible pour l'esprit humain, et que les lois du mouvement ne deviennent concevables que lorsque l'homme envisage des unités de mouvement abitrairement choisies. Cette nécessité pour l'homme de décomposer non seulement le mouvement, mais tous les objets de ses investigations, en parties constituantes, engendre, de l'avis de l'auteur, la plupart des erreurs humaines. Il ferait bien de se l'appliquer à lui-même.

Pour éclaircir sa pensée, Tolstoï a recours à une comparaison qui ne la rend en aucune façon plus claire. Nous nous y arrêtons avec intention, parce que le procédé de comparaison est celui qu'il préfère pour faire triompher sa manière de voir. Ce procédé a ses avantages assurément pour faire saisir une abstraction; mais il est plus commode encore comme trompe-l'œil.

Dans le cas présent, l'auteur prend comme terme de comparaison la fameuse « colle » des anciens : Achille peut-il atteindre la tortue? Au fond, l'explication en est très simple, sans différentielles ni intégrales. L'imbroglio tient à ce que le mouvement a été mal décomposé pour le but cherché, mais pas du tout à ce qu'il a été décomposé. Car, pour comparer deux mouvements, il faut prendre l'espace parcouru dans chacun d'eux pendant un seul et même intervalle de temps, tandis que dans cette « colle » on prend des intervalles de temps et d'espace différents, qui varient en progression géométrique décroissante. Dans ces conditions, non seulement Achille ne peut jamais atteindre la tortue, malgré sa faible vitesse, mais il n'atteindrait même pas un objet immobile, un mur, par exemple. Et, en effet, plaçons Achille à deux pas du mur et faisons-lui faire d'abord un pas, puis un demi-pas, puis un quart, un huitième, etc... de pas. Il aura beau continuer ainsi indéfiniment, il n'atteindra jamais le mur.

Par conséquent, la discussion du problème amène une réponse qui n'est pas celle à la question. La question consiste à savoir si *Achille atteindra la tortue?* Et la réponse faite est la suivante : *Le temps et l'espace sont divisibles indéfiniment*. L'auteur avait bien besoin de tourmenter pour cela les différentielles et les intégrales! Il n'a pas résolu la « colle ». S'imagine-t-il avec ses différentielles et ses intégrales avoir rendu plus suggestives ses considérations ultérieures sur l'histoire?

Elles se ramènent à ceci : « Ce n'est qu'en admettant une unité infiniment petite comme élément d'observation — la différentielle de l'histoire, — c'est-à-dire les penchants communs des hommes, et en parvenant à l'art d'intégrer ces infiniment petits, que l'on peut espérer atteindre les lois de l'histoire ».

Ainsi, par exemple, pour comprendre 1812, il faudra d'abord étudier la biographie et les penchants pour le moins de tous ceux qui y ont pris part, à commencer, disons par Lavrouchka dans un camp, et à terminer par Napoléon dans l'autre. C'est alors seulement qu'on pourra avoir la prétention de tirer des déductions justes de cette campagne ; n'est-ce pas cela? Si telle est la conviction de l'auteur, il aurait dû s'abstenir tout le premier de tout jugement sur 1812, car il n'a certainement pas étudié toutes les biographies et tous les penchants en question.

Pour sortir de l'embarras où il s'est fourvoyé lui-même, en refusant toute signification à l'histoire dans son état actuel, l'auteur impose à celle-ci un idéal qu'il ne lui sera jamais possible d'atteindre, et, partant de cet idéal, renverse avec une force irrésistible, croit-il, toutes les déductions acquises par l'histoire.

Rapportées à son idéal, toutes les conclusions de l'histoire contemporaine lui paraissent incomplètes — ce qui est parfaitement vrai — et par conséquent fausses — ce qui n'est plus du tout vrai, car c'est un saut de logique. L'histoire est précisément la science où les conclusions incomplètes, c'est-à-dire basées sur des données insuffisantes, peuvent le moins se maintenir ; elles sont toujours rectifiées, en effet, par le fait accompli même résultant des données que les historiens ont employées comme matériaux pour leurs déductions. Peu importe si l'historien ne nous a pas fourni toutes les causes d'un événement. L'événement lui-même achèvera l'œuvre et complétera ce qui lui a échappé. Au premier historien en succéderont un second, un troisième..., un centième qui, étendant peu à peu le point de vue trop restreint de leurs prédécesseurs, corrigeant mutuellement leur « unilatéralité », arriveront à élaborer l'idée de l'événement la plus juste possible chacun pour leur époque. Et dans ce processus la critique se garde bien, comme le croit l'auteur, de réduire en poussière les déductions faites précédemment; mais c'est à force de mettre en lumière, d'expliquer des circonstances d'abord inaperçues, qu'elle contribue peu à peu à élargir les horizons, à compléter le tour de la question.

Telle est, du reste, la méthode de toutes les sciences expérimentales, à commencer par les mathématiques appliquées, c'est-à-dire par la plus précise d'entre elles.

Prenons par exemple la topographie. Les erreurs résultant des imperfections inhérentes aux instruments eux-mêmes et les inexactitudes qui se produisent dans leur emploi, ne permettent pas d'obtenir des plans mathématiquement exacts. Est-ce une raison pour dire que ces plans ne valent rien? Ils sont imparfaits, soit, mais pourtant pas faux. L'idée qu'ils donnent du terrain n'est qu'approximative, c'est vrai, mais ce n'est pas une idée tout à fait fausse.

Nier le fruit d'un travail séculaire en lui opposant l'idéal à atteindre, c'est perdre son temps. Qu'on vise l'idéal de la perfection, ou que l'on ne vise rien du tout, c'est tout comme! A la devise prétentieuse de Tolstoï : « Tout ou rien », l'humanité répond par une formule beaucoup plus modeste : « Peu plutôt que rien ».

Le second procédé de l'histoire, qui consiste à envisager les actes d'un homme, chef d'État ou chef d'armée, comme le propulseur des volontés de tous, est aujourd'hui classé au rang qui lui convient; mais, bien que l'auteur le considère comme défectueux, ce procédé ne sera jamais complètement rejeté, car il a son fondement dans la nature même des choses.

L'auteur s'insurge contre son emploi, non seulement sous prétexte que l'esprit humain refuse d'ajouter foi à ce mode d'explication, mais il va jusqu'à dire que « le procédé est faux en lui-même, parce qu'il consiste à prendre le phénomène le plus faible comme cause du plus fort ».

Voilà un argument que nous connaissons de longue date. « Ma dignité d'homme », ainsi s'exprime Tolstoï au tome IV, « me dit que chacun de nous tous, tant que nous sommes, est homme autant, sinon plus, qu'un Napoléon quelconque ». Au tome V, nous retrouvons le même vague dans les expressions; c'est une maladie de famille. Que faut-il donc entendre par « force ou faiblesse » d'un phénomène? Quelle est la mesure de cette force et de cette faiblesse? Si c'est la masse — et nous sommes en droit de le supposer, puisque l'auteur n'en signale point d'autre — nous tombons immédiatement dans une impasse. La masse nerveuse de l'*homme comparée* à celle des os, des muscles et de la graisse, n'en est guère que le 1/8e ou le 1/10e. Quelle est pourtant la masse qui commande à l'autre? Un train qui pèse plusieurs dizaines de tonnes n'est-il pas mû par quelques livres de vapeur d'eau, grâce à un mécanisme spécial?

L'organisme d'un peuple est en tout semblable à celui de l'homme, par la raison bien simple que c'est l'homme lui-même qui l'a créé, et qu'il ne fait rien qu'à son image et à sa ressemblance. Dans l'organisme d'un peuple il y a donc aussi les deux masses, et les Napoléons — avec toutes les ramifications par lesquelles ils agissent sur la foule — représentent précisément, par rapport à cette dernière, ce que les centres nerveux et les nerfs sont par rapport à l'organisme humain. Par conséquent, l'esprit humain ne peut se refuser à accepter un mode d'explication offert par l'organisme même, en vertu duquel cet esprit exerce son empire.

Inutile d'ajouter qu'en traitant de phénomène le plus faible la masse relativement insignifiante des coryphées comparée à celle de tous les exécutants, Tolstoï se contredit lui-même; car il en arrive ainsi à nier le principe du moral et à exalter l'importance du nombre dans les manifestations de la vie nationale, après avoir nié l'importance du nombre et exalté le principe du moral dans une des manifestations particulières de cette vie, c'est-à-dire dans la vie de l'organisme militaire.

On peut objecter que les fils qui font mouvoir les masses sont quelquefois en d'autres mains que celles de leurs chefs reconnus. Ceux-ci ne sont souvent que l'enseigne, comme Palafox, par exemple, au siège de Saragosse, à ce que dit Napier. Mais qu'est-ce que cela peut me faire ? Dans la coulisse ou sur la scène il y a toujours des gens qui tiennent les fils, et là est toute la question.

L'auteur fait feu des quatre pieds pour rabaisser, pour réduire à néant ces personnalités dirigeantes. Il narre en conséquence. Est-il question de l'armée française après Borodino ? Elle pousse de l'avant d'elle-même « par la vitesse acquise »; Napoléon n'y est pour rien. L'occupation de Moscou ? Il ne l'a pas voulue. Les Français y restent sans aucune raison visible, et non parce que Napoléon, mal inspiré par la routine de ses succès précédents, s'imagine que la chute de la capitale rendra encore cette fois la paix inévitable. Ils filent de Moscou, non parce que Napoléon a perdu tout espoir de faire la paix et que les partisans commencent à inquiéter fortement ses communications, non pas à cause de l'affaire de Taroutino, bref, ici encore, sans le moindre motif indiqué.

Napoléon, reconnaissant le danger de la poursuite latérale dont le menaçait la position de notre armée à Taroutino, se décide à reprendre vis-à-vis de nous une position de front et se jette sur Maloyaroslavetz; puis tout à coup il reprend la route de Smolensk, non point parce qu'il s'est heurté à une résistance inattendue, qu'il a failli lui-même être pris par des Cosaques et qu'il n'a plus osé persister dans sa résolution première, mais parce que « *cela devait arriver* ».

Il est vrai que l'instinct artistique de Tolstoï se révolte et qu'il lui échappe souvent de dire plus qu'il ne voudrait dans l'intérêt de sa thèse. Dans ce cas-là, après avoir raconté les choses comme elles se sont passées réellement, il se reprend et cherche à rattraper l'impression produite, en se livrant à une explication tirée par les cheveux dans l'esprit de ses théories.

« Du moment où les enfants du Don avaient failli pincer l'Empereur lui-même au milieu de son armée, il était clair qu'il n'y avait plus qu'à filer par la route connue la plus voisine. Avec sa bedaine de quarantenaire, Napoléon, moins leste et moins hardi que naguère, comprit l'avertissement. Et, sous l'influence de la frayeur que lui avaient inspirée les Cosaques, il se laissa aisément persuader par Mouton et donna, à ce que *disent les historiens*, l'ordre de battre en retraite sur la route de Smolensk. »

La cause du contre-ordre paraît claire pourtant. Napoléon n'était plus ce général des guerres d'Italie qui, tombé par hasard au milieu d'un détachement ennemi, presque sans escorte, sut non seulement lui échapper, mais même le décider à capituler. Seulement cette explication dérange les théories de l'auteur. D'où cette réserve : « à ce que disent les historiens », suivie d'une contradiction complète de ce qu'il vient à l'instant de raconter.

« De ce que Napoléon accepta l'avis de Mouton et que les troupes battirent en retraite, on n'est pas obligé de conclure que Napoléon en eût donné l'ordre. Cela prouve seulement que les forces qui agissaient sur toute l'armée pour la déterminer à prendre la direction de la route de Mojaïsk agirent aussi en même temps sur Napoléon. »

En d'autres termes : en ordonnant il n'a pas ordonné. Il a dû le rêver...

Tolstoï, bien entendu, cherche aussi à faire tourner au profit de sa théorie son exposé de la campagne du côté des Russes. Ici toutefois, et fort heureusement, il fait moins de raisonnements et plus de tableaux. Ce dont tous les lecteurs lui seront sincèrement reconnaissants, je n'en doute pas, même si ces tableaux font du tort à ses théories.

La marche de flanc de notre armée pour passer de la route de Riazan sur celle de Kalouga est, aux yeux de l'auteur, une manœuvre tellement simple que « le dernier gamin de treize ans aurait deviné sans peine qu'après l'abandon de Moscou, en 1812, la meilleure position pour l'armée était sur la route de Kalouga ». Néanmoins, il n'admet pas que cette idée si simple ait pu germer dans la tête d'un commandant en chef quelconque. A son avis, elle a dû s'élaborer « pas à pas, fait par fait, et découler de la multiplicité infinie des conditions les plus complexes ». Soit! Mais, avant même que Tolstoï eût prononcé ses oracles, personne ne s'est jamais imaginé que le plan de la campagne de 1812 ait été élaboré dès le début de la guerre dans ses moindres détails. Seulement, de ce fait que le plan en question a été modifié suivant le cours des événements, il ne s'ensuit pas que le commandant en chef n'y ait pris aucune part. Au contraire, son rôle a été précisément de prendre en considération les circonstances au milieu desquelles il fallait agir, et de régler ses dispositions sur elles. Napoléon l'a dit tout net : « A la guerre ce sont les circonstances qui commandent ». Mais ce qu'elles commandent, on peut le comprendre plus ou moins bien et même pas du tout. Et c'est ce qui fait la distinction entre un bon et un mauvais commandant en chef. L'auteur ne s'imagine pas, j'espère, que toutes les unités d'une masse de cinquante mille hommes vont éprouver tout à coup le besoin de s'étendre le long de la Pakhra et l'exécuter; bref, que l'armée serait passée sur la route de Kalouga, quand même Koutouzoff aurait ordonné la retraite sur celle de Nijni. Cela posé, peu importe de savoir qui a eu la première idée de passer sur la route de Kalouga. Ce point est absolument secondaire, et nous ne connaissons pas d'historien qui s'attardât sérieusement à le résoudre. Nous avons déjà eu maintes fois l'occasion de le faire remarquer : à la guerre, une idée n'appartient pas à celui qui y a songé le premier, mais bien à celui qui prend la responsabilité et la décision de son exécution.

Il est possible même, dans le cas particulier qui nous occupe, que la première impulsion ait été donnée par quelque médiocre adepte de la théorie de Bülow, par quelque aveugle fanatique des positions de flanc, prêt à les prôner à tort et à travers sans discernement, dont l'avis n'est pas tombé cette fois dans l'oreille d'un sourd parce que les circonstances prescrivaient le procédé. Encore fallait-il qu'il y eût dans l'armée quelqu'un d'occupé à suivre pas à pas le déroulement des circonstances pour y conformer les mouvements des troupes. C'est pourtant ce que l'auteur n'admet pas. Pour lui, la manœuvre a eu lieu parce qu'elle devait avoir lieu.

En s'évertuant à démontrer cette proposition étrange, l'auteur en arrive à dire que si l'on se figure « tout simplement une armée sans chefs, cette armée aurait fatalement exécuté le même mouvement; en un mot, qu'elle serait revenue vers Moscou en décrivant un arc de cercle vers le côté où elle avait le plus de chances de trouver des approvisionnements et où le pays offrait le plus de ressources ».

Les Français ont bien raison de dire que : « Qui veut trop prouver ne prouve rien ». Car nous pourrions donner comme parallèle à l'argumentation de Tolstoï le conte d'un homme décapité qui agirait exactement comme s'il n'avait pas subi cette petite opération.

Plus loin, s'entêtant dans son idée, l'auteur croit frapper un grand coup en disant que les maraudeurs filaient d'eux-mêmes précisément dans la direction de la route de Kalouga et des routes voisines. Assurément Tolstoï serait bien embarrassé de fournir des données statistiques pour confirmer son dire. Mais, sans le pousser si loin, il nous paraît suffisant de faire remarquer que les maraudeurs sont des gaillards qui choisissent pour commettre leurs exploits toutes les directions quelles qu'elles soient, à la condition seulement qu'ils puissent espérer y trouver à bien vivre, sans crainte de rencontre fâcheuse avec l'ennemi. Ils avaient dû, par conséquent, très probablement se répandre à la fois sur les routes de Pétersbourg, d'Yaroslav et de Nijni, comme sur celle de Kalouga.

Mais reposons-nous un peu des raisonnements de l'auteur pour goûter la jouissance esthétique des scènes inoubliables qu'il nous dépeint : le conseil de guerre de Fily; Moscou avant l'entrée des Français, une ruche d'abeilles sans sa reine, suivant la superbe expression de Tolstoï; Napoléon attendant des boyards russes à la barrière de Dragomial. Une seule chose nous étonne. Comment, après nous avoir montré Koutouzoff prenant une résolution vraiment héroïque, une terrible détermination, et après lui avoir fait prononcer les nobles paroles historiques qui passent pour être réellement sorties de sa bouche, l'auteur peut-il retomber dans sa théorie que le commandant en chef n'a pas plus d'importance dans une armée que le dernier soldat, etc.

« Tout le monde attendait Benigsen qui, sous prétexte d'une nouvelle reconnaissance de la position, achevait un excellent dîner. On l'avait attendu depuis quatre heures jusqu'à dix sans commencer la délibération, en controversant pendant tout ce temps à voix basse par groupes séparés.

« Ce fut seulement au moment où Benigsen entra dans l'izba que Koutouzoff s'avança de son coin et s'approcha de la table, pas cependant assez près pour que son visage pût être éclairé par les bougies qu'on avait apportées sur la table.

« Benigsen ouvrit le conseil en posant la question : « Faut-il « abandonner sans combat l'antique et sainte capitale de la Russie « ou bien la défendre ? » Silence général et prolongé. Tous les visages restaient assombris et, au milieu du silence, on entendait la respiration embarrassée et colérique et la toux de Koutouzoff. Tous les yeux étaient fixés sur lui. Malachka elle-même ne perdait pas de vue « le vieux grand-père ». Elle était plus près de lui qu'eux tous et voyait son visage se plisser et se contracter comme s'il allait pleurer. Mais cela ne dura qu'un instant.

« *L'antique et sainte capitale de la Russie*, scanda-t-il tout à coup d'une voix rageuse, reprenant les mots mêmes de Benigsen et par là seul en faisant sentir la note fausse. Permettez-moi de vous dire, Excellence, que cette question n'a pas de sens pour un Russe. (Il pencha en avant son buste chargé d'embonpoint.) On ne peut pas poser une question comme cela, et une question comme cela n'a pas de sens. La question pour laquelle j'ai invité ces messieurs à se réunir est une question militaire. La voici : « Le salut « de la Russie est dans son armée. Vaut-il mieux risquer de « perdre et l'armée et Moscou en acceptant la bataille ou bien « abandonner Moscou sans bataille? C'est sur cette question-là « que je désire avoir votre avis. » (Il se renversa contre le dossier de son fauteuil.)

« ...Pendant une de ces pauses (de la discussion), Koutouzoff poussa un profond soupir, comme s'il se préparait à prendre la parole. Tous les regards se tournèrent vers lui : « Eh bien! « Messieurs, je vois que c'est moi qui payerai les pots cassés », dit-il, et, se levant du même coup, il s'approcha de la table : « Messieurs, j'ai entendu vos avis. Plusieurs ne seront pas d'ac« cord avec moi. Mais (et il marqua une pause) en vertu des « pouvoirs qui m'ont été confiés par l'Empereur et par la patrie, « j'ordonne la retraite. »

Comme on sent bien là l'homme habitué à être un centre nerveux, un conducteur de masses et qui est capable de l'être, bref un homme de pouvoir. Pas un geste inutile, pas une parole de trop. Il frappe droit sur la tête du clou à enfoncer. Eh bien! cette fois, est-ce la main puissante de Koutouzoff qui a tourné le gouvernail? Est-ce Koutouzoff qui a parlé? Ou bien a-t-il cru, rêvé seulement avoir dit, avoir agi? Que de fois nous l'avons déjà fait remarquer, et nous le répétons encore. Dans Tolstoï, il y a deux hommes : l'artiste et le penseur, et le premier en toute occasion éclipse le second. Quelquefois, par une sorte de condescendance pour son faible compagnon, l'artiste consent à s'effacer, à se taire; mais dès qu'il reparaît, dès qu'il se met à parler, l'autre passe dans le trentième dessous.

VI.

Ce qui caractérise le tome VI de *Guerre et Paix*, c'est que la dernière partie en est consacrée à des raisonnements plus ou moins heureux sur une science encore naissante, la physiologie des organismes collectifs, autrement dit la sociologie. Nous n'avons ni la force ni le désir d'examiner en détail cette partie indigeste de l'œuvre, dans laquelle quelques idées justes se trouvent mélangées avec les paradoxes les plus étranges et des phrases sonores, mais creuses ; nous ne ferons que toucher de préférence à quelques passages qui ont du moins quelque rapport à la guerre et aux troupes.

Au commencement du tome VI, Tolstoï se livre de nouveau à une petite incursion dans le domaine proprement dit de la théorie de l'art de la guerre, dans le but sans doute de signaler certaines incohérences de cette théorie. Cette incursion n'est pas plus heureuse que les précédentes et sert seulement à prouver que l'auteur n'est qu'un dilettante en ces matières. Certaines des incohérences qu'il croit relever ont été déjà rejetées bien avant lui de la théorie de la guerre. Les autres n'existent que dans l'imagination de l'auteur, erreur qui est le résultat de son insuffisance dans la partie :

« Une des dérogations les plus frappantes et les plus avantageuses aux soi-disant règles de la guerre consiste dans l'action des hommes dispersés contre les hommes serrés en tas. »

D'abord les hommes dispersés n'attaquent pas les hommes serrés en tas, mais ceux qui, pour une raison quelconque, se sont détachés du tas. En second lieu, la théorie de la guerre, comme toutes les théories en général, ne donne pas des règles positives, mathématiques, mais seulement des équations qui admettent à la fois plusieurs solutions positives ou négatives. Et ces équations dans la théorie de la guerre, tout comme dans la théorie des nombres, sont égalées à zéro, les termes positifs ou les « oui » faisant exactement équilibre aux termes négatifs ou aux « non ». Demandez au premier venu, pourvu qu'il comprenne un peu la guerre, si la concentration est une chose avantageuse ? Il vous répondra : « C'est suivant *où*, *quand* et *pourquoi*. Êtes-vous préoccupé des subsistances? Alors tenez votre armée plutôt divisée que concentrée. Vous attendez-vous à combattre? Resserrez-la, quand même les approvisionnements devraient en souffrir. Espérez-vous surprendre l'ennemi? Renoncez dans ce cas à attendre l'arrivée en ligne de tout votre monde pour ne pas laisser échapper une belle occasion, frappez avec ce que vous avez sous la main. Privez-vous également au besoin d'une partie de vos forces dans le combat sur votre front pour la faire agir sur le flanc ou sur les derrières de l'ennemi, parce que le résultat qu'elle y obtiendra aura infiniment plus de valeur; mais cela suppose que vous vous croyez déjà sûr du succès. S'agit-il au contraire de briser la résistance d'un adversaire qui se tient sur ses gardes par une attaque de front décisive, alors ne négligez pas d'y amener *jusqu'à votre dernier bataillon* et concentrez vos forces tant que vous pourrez. Enfin, dans l'exécution du combat lui-même, l'ordre dispersé convient mieux pour le feu, la concentration pour l'attaque à l'arme blanche. Il ne s'agit donc pas de savoir, en général, si la concentration vaut mieux que la dispersion, mais quand il convient d'avoir recours à la première plutôt qu'à la seconde, et réciproquement. Voyez comment s'y prend Napoléon. S'agit-il de livrer bataille? il attire à lui tout ce qu'il lui est humainement possible de grouper. Mais une fois que l'adversaire est ébranlé sans revirement possible, il disloque ses forces en un clin d'œil : qui pour la poursuite, qui pour appuyer les troupes chargées de cette poursuite, qui pour se reformer et se reposer de ses pertes, etc.

Il y a, c'est vrai, des théories échafaudées uniquement sur la concentration (Jomini) ou inversement sur la dispersion des forces (Bülow, système du cordon). Mais si ce sont les premières que visent les arguments de l'auteur, au moins aurait-il convenu de dire qu'il s'en prenait aux théories de MM. X. ou Y. et non à la théorie de l'art de la guerre dans son état actuel :

« On nommait cette guerre la guerre de partisans, et on supposait que le nom suffirait pour faire comprendre la chose; tandis que ce genre de guerre n'admet aucune règle et se trouve même en contradiction flagrante avec une règle de tactique bien connue et considérée comme infaillible, à savoir que « celui qui attaque doit concentrer toutes ses troupes de façon à être à un moment donné du combat plus fort que son adversaire. »

« La guerre de partisans (toujours heureuse, d'après le témoignage de l'histoire) est en contradiction directe avec cette règle.

« Cette contradiction tient à ce que la science de la guerre identifie la force d'une troupe avec son effectif. Plus on a de troupes, dit-elle, plus on est fort. Les gros bataillons ont toujours raison. »

Il est clair déjà, par ce qui a été dit plus haut, que la guerre de partisans n'est pas en contradiction avec les fondements de l'art de la guerre, puisque celui-ci admet également la concentration et la dispersion des forces, suivant le but visé et les circonstances au milieu desquelles il faut l'atteindre. En second lieu, l'auteur sait parfaitement que le gros des forces de notre armée ne s'est pas émietté en détachements de partisans, mais est resté groupé. Donc il n'y a eu dispersion que pour une partie relativement très faible de nos forces. Et à juste raison, car autrement les Français n'auraient pas hésité un instant à s'éparpiller aussi sur plusieurs routes, et la retraite leur eût coûté infiniment moins de monde. Ce ne sont pas les détachements de partisans qui les ont obligés à rester en une seule masse, mais tout bonnement le fait que nos forces principales étaient également restées groupées. C'est précisément cela, et uniquement cela, qui a rendu si venimeuses les piqûres d'épingles de nos détachements de partisans et les a transformées en blessures mortelles.

En troisième lieu, soit dit sans éveiller les susceptibilités de l'honorable auteur, le principe d'être plus fort que l'adversaire sur le point d'attaque, non seulement n'est pas contredit par les opérations des partisans, mais au contraire trouve en elles une éclatante confirmation. Un partisan ne songe même pas à attaquer des masses ennemies tant soit peu notables et prêtes à combattre. Il cherche à ne jamais attaquer que par surprise. En d'autres termes, *sa première et dominante préoccupation est précisément d'être plus fort que l'adversaire sur le point où il attaque*. Si cette condition lui échappe, il s'en va, il file au plus vite, il se sauve, pour dire les choses tout crûment, ce que ne fera jamais un détachement plus considérable. On peut dire, il est vrai, que le partisan ne se renforce pas au moment de l'attaque, mais qu'il saisit au vol une minute de faiblesse de son adversaire. Le résultat n'est-il pas le même, du moment où il y a rupture d'équilibre en sa faveur. Du reste, le partisan n'a garde de négliger de se renforcer partout où il le peut. Nous posons la question à l'honorable auteur lui-même. Quand Dénisoff attend sa jonction avec Dolokhoff pour fondre sur un détachement français, se conforme-t-il au principe de la concentration des forces sur le point d'attaque ou l'enfreint-il?

Une méditation un peu plus sérieuse des faits qu'il décrit lui-même aurait rendu peut-être Tolstoï plus circonspect dans ses critiques de la théorie de l'art de la guerre. Il aurait compris ses préceptes *dans un sens plus large*, il en aurait envisagé les applications sous toutes leurs faces, il ne leur aurait pas attribué une unilatéralité qui n'existe que dans son imagination et n'aurait pas enfin célébré comme une découverte, comme une trouvaille personnelle, des vérités acquises bien avant lui.

C'est ainsi que l'auteur, se figurant que la théorie de la guerre ne sous-entend sous l'expression de « force » que l'effectif des troupes, s'escrime à démontrer la fausseté de cette conception et à établir que la force ne consiste ni dans le nombre, ni dans l'armement, ni dans le génie du commandant en chef, mais dans le moral des troupes, c'est-à-dire *dans le désir plus ou moins sincère de se battre de chacune des individualités qui composent ces troupes*. Cette idée est si peu une nouveauté que, dans sa forme même, il n'est pas difficile de reconnaître mot pour mot une phrase d'un célèbre théoricien (Jomini).

La théorie de la guerre est d'accord avec l'auteur, sans toutefois établir, comme il a tort de le faire, une opposition entre le *nombre*, *les formations*, *l'armement* et *autres facteurs matériels*, et *le moral*. Les talents du commandant en chef sont aussi une force d'ordre moral et dont l'influence s'exerce immédiatement sur le moral des troupes. C'est une erreur de les ranger sur la même ligne que l'armement et les formations géométriques. La théorie, aussi bien que Tolstoï, pose en principe que la condition primordiale du succès consiste dans le désir de se battre. Mais elle reconnaît, en se basant sur les faits, que ce désir ne peut être que le résultat de la confiance dans la victoire si l'on en vient aux mains; confiance qui augmente ou diminue avec la valeur de l'armement et des formations des troupes au point de vue du combat, avec le nombre relatif de soldats à opposer à l'adversaire, avec la confiance même que le chef a réussi à inspirer à ses inférieurs dans ses talents, etc. L'énumération complète serait longue.

La théorie de la guerre ne s'en tient pas seulement aux données qui sont inhérentes aux troupes. Elle fait entrer aussi en compte les circonstances purement extérieures qui ont parfois une puissante influence sur le moral des troupes : telles que la surprise, les éventualités les plus diverses, dont les moindres suffisent quelquefois à produire une panique, c'est-à-dire la destruction complète du moral des troupes.

La théorie de la guerre enfin reconnaît l'influence de la préparation du temps de paix sur ce même moral et s'occupe d'élaborer les meilleurs procédés d'éducation et d'instruction des troupes pour développer et tremper leur moral, en évitant soigneusement d'autre part tout ce qui pourrait tendre à l'ébranler.

Tolstoï soutient que la théorie de la guerre mesure la force d'après l'effectif des troupes et cite à l'appui cette phrase de Napoléon : « Les gros bataillons ont toujours raison ». Tandis que la théorie de la guerre se borne à dire que, toutes choses étant égales d'ailleurs, la probabilité du succès est en faveur du nombre. Tout le mal vient de ce que cette théorie ne possède pas comme les mathématiques un arsenal de notations et que ses formules s'expriment par des mots dont le sens est trop restreint et qui n'ont pas l'élasticité du langage algébrique où, sous la lettre *a* par exemple, on peut sous-entendre toutes les grandeurs possibles, positives ou négatives depuis zéro jusqu'à l'infini.

Il en résulte d'abord que chacun s'arroge le droit de juger les questions militaires. La lecture des livres militaires paraît claire et facile en comparaison de celle des traités de mathématiques ; tout y est à la portée du simple bon sens, que chacun se croit sûr de posséder. Ensuite les formules s'y expriment par des phrases si longues que le dilettante en général ne les lit pas avec attention jusqu'au bout et s'empresse de tirer ses conclusions.

Prenons par exemple la phrase « les gros bataillons ont toujours raison ». Chacun peut l'interpréter à sa guise. Il peut en conclure qu'un bataillon de 2,000 hommes vaut mieux qu'un bataillon de 1000 hommes; qu'un bataillon de 5,000, 10,000 hommes est encore meilleur, etc...... « Joli génie ! que ce Napoléon », pensera notre dilettante, « mais c'est tout bonnement un niais » ; et ajoutera-t-il en lui-même, sans oser le dire tout haut, « je ne suis pas bête tout de même pour avoir découvert ça ». Si vous voulez tirer des déductions justes, gardez-vous bien de détacher de la chaîne du raisonnement une phrase toute seule, sans savoir comment elle se relie à ce qui précède et à ce qui suit. Faites entrer en compte, au nom des lois de la logique, que ceci a été dit par un homme qui, comme tous les écrivains de sa trempe, n'aimait pas à s'étendre et à développer sa pensée jusqu'à la rendre abordable à l'intelligence des profanes. A bon entendeur salut ! C'est le même Napoléon qui a dit « qu'à la guerre les trois quarts du succès dépendent des causes morales ». Si l'on aligne les deux phrases on comprend parfaitement dans quelles conditions les gros bataillons peuvent avoir raison. Mais, pour le but qu'il poursuit, Tolstoï n'a pas besoin de comprendre. Et il est clair qu'il ne comprend pas, ou qu'il n'a pas tout lu jusqu'au bout.

« Les gens qui ont le plus grand désir de se battre se placent toujours dans les positions les plus avantageuses pour se battre ».

Cet aphorisme est absolument faux, car se placer dans la position la plus avantageuse pour se battre, c'est de la technique. Cela rentre dans le domaine des dispositions et non dans celui de l'exécution; autrement dit, cela dépend plutôt de l'intelligence que de l'énergie de la volonté. Certes ce n'est pas l'envie de se battre qui a fait défaut aux Romains à Trasimène, et pourtant ils ont été bien loin de se mettre dans la meilleure position pour combattre. Ce n'est pas non plus l'envie de se battre qui a manqué à nos troupes à Friedland, par exemple, et cependant leur position était aussi défectueuse que celle des Romains à Trasimène.

Après avoir reproché à la théorie de la guerre de sous-entendre sous l'idée de force le nombre et rien que le nombre, l'auteur va plus loin et indique la méthode la plus sûre, suivant lui, de découvrir les lois qui régissent le combat. La preuve de la justesse de sa méthode est encore à faire ; la seule chose incontestable c'est que cette méthode n'est pas maligne. Que le lecteur en juge. Une simple proportion, dit l'auteur, suffit pour déduire les lois auxquelles se conforment les phénomènes physiques les plus complexes, non seulement chez un homme, mais même dans toute une masse d'individus. En admettant par exemple que 10 unités de combat se battent contre 15 unités et fassent une perte égale à 4, mais tuent ou fassent prisonnière la totalité de ces 15 unités, l'auteur en déduit que $4x = 15y$, soit $4 : 15 = y : x$. Il en conclut imperturbablement que cet innocent exercice d'arithmétique détermine le rapport des deux inconnues et qu'il en découle une série de nombres qui contiennent les lois cherchées et où l'on peut les découvrir. On se demande pourquoi les 6 unités restantes ne jouent aucun rôle dans ce combat de fantaisie ?

Et voilà le langage d'un homme qui met le moral au-dessus de tout et qui pour cette seule raison aurait dû, ce semble, examiner un peu les propriétés de cette force étrange et insaisissable ! Même avec l'aide de l'analyse supérieure on n'est pas arrivé, jusqu'à présent, à réduire en formules bien des phénomènes produits par des forces inorganiques, et il s'imagine, lui, établir les lois du moral à l'aide des seules proportions. Singulière contradiction : voilà un homme qui, au nom du moral, a nié le rôle de tous les facteurs matériels et tout à coup le même homme se met à traiter le moral comme une chose matérielle et croit possible de l'évaluer en grammes, centigrammes, etc.

Inutile de soumettre à un examen critique, qu'elles ne méritent même pas, les fantaisies de Tolstoï sur le thème suivant : que la tactique commande de se masser pour l'attaque, de se disperser pour la retraite et que cette règle (?) prouve bien, quoique inconsciemment, que la force d'une troupe dépend de son moral; si les Russes, au contraire, se sont dispersés pour poursuivre les Français c'est que leur moral était très remonté.

D'abord, quand on bat en retraite, le moral est presque toujours en défaillance; donc ce n'est pas le moment de disperser ses forces, même d'après la théorie de l'auteur. En second lieu, la règle qu'il cite n'existe pas dans la tactique actuelle. Il y avait bien quelque chose d'approchant dans les billevesées de Bülow; mais cela n'y provenait pas du rôle attribué au moral. C'était, au contraire, la conséquence de l'importance exagérée et exclusive attachée aux communications de l'armée. Ensuite le moral de notre armée en 1812 n'avait pas été moins bon pendant la retraite qu'il ne le fut plus tard pendant la poursuite et pourtant nos troupes ne se sont pas dispersées pour battre en retraite. Enfin, pendant la poursuite même, la masse principale de nos troupes ne s'est jamais divisée plus que ne l'exigeaient les conditions de la marche, et en tout cas, ses différentes fractions sont toujours restées à une distance l'une de l'autre qui leur permettait de se concentrer au besoin.

Plus loin Tolstoï empoigne de nouveau les historiens et, pour leur porter un coup décisif, s'imagine de leur attribuer une opinion qui n'a jamais été émise sérieusement par aucun d'eux. Il prétend que ceux-ci vont jusqu'à présenter la désertion finale de Napoléon comme une inspiration sublime et géniale. Je n'ai rien trouvé de semblable nulle part. Peut-être l'auteur sait-il chez qui se trouve ce passage? Il eût été très aimable de citer tout simplement les noms des historiens dont il trouve les idées absurdes et dignes d'être tournées en ridicule.

Il termine la partie historico-militaire de son roman par l'examen critique de la deuxième partie de la campagne et entre autres de cette question : « Pouvait-on barrer la retraite aux Français? » Là encore, comme on pouvait s'y attendre, il ne partage pas l'opinion généralement reçue. Le contraire m'aurait surpris. Il est d'avis que chercher à couper la retraite à l'armée française eût été aussi absurde que de vouloir chasser une méchante vache d'un potager où elle se serait introduite, en courant devant pour la frapper sur le front. Ceci serait en effet ridicule. Mais ce qui ne le serait pas ce serait de la tuer, fût-ce même de par devant, pour mettre fin à ses méfaits, à condition bien entendu que le méfait en valût la peine. Tolstoï trouve admirable que les Russes, c'est-à-dire la masse, la foule, par une conscience vague de cette absurdité, aient fait non pas ce qui était ordonné, mais ce que la nécessité réclamait. C'est simple et clair. Ainsi donc Tchitchagoff, lui aussi s'est conformé à l'instinct de la masse en se laissant surprendre à Borisoff et refouler sur la rive droite de la Bérézina. C'est en vain que les historiens prouvent positivement et documents en main que le plan de concentration des armées de Tchitchagoff, de Wittgenstein et de Koutouzoff, malgré l'immensité des distances, a été étonnamment près de se réaliser; c'est en vain qu'ils signalent clairement les fautes de Tchitchagoff, le peu de désir de Wittgenstein d'arriver à temps sur le point de concentration indiqué. Pour Tolstoï, ces explications ont le défaut d'être trop simples et trop faciles à comprendre; celui de reposer « sur la correspondance des souverains et des diplomates » et par conséquent de faire trop clairement dépendre les événements des chefs et du commandement. C'est ce qui l'empêche de les trouver admissibles, et le voilà qui invente un potager, une vache, etc......, tout ce qu'on voudra, rien que pour revenir à ses moutons, c'est-à-dire à la spontanéité d'action de la masse, indépendamment et même à l'encontre de la volonté des personnalités dirigeantes.

L'auteur démontre, je veux dire croit démontrer, de plusieurs façons l'impossibilité et l'absurdité d'une tentative pour couper la retraite aux Français. Il est un point sur lequel son raisonnement a une apparence de fondement. C'est lorsqu'il allègue le terrible épuisement de l'armée de Koutouzoff. Mais, d'après le plan, ce n'est pas Koutouzoff qui devait couper la retraite; c'est Tchitchagoff, qui se trouvait déjà sur la Bérézina; c'est Wittgenstein qui n'en était plus qu'à 25 verstes le jour où les Français en organisèrent le passage. Chacun des deux n'avait pas moins de 30,000 hommes, tandis que Napoléon ne disposait pas de plus de 40,000 hommes dans le rang. Nous avions également la prépondérance sous le rapport du moral. La conclusion n'est donc pas difficile à tirer.

VII.

La seconde partie du tome VI est exclusivement consacrée à des essais de métaphysique. L'auteur commence par proclamer l'impossibilité de décrire non seulement la vie de l'humanité, mais même celle d'une seule nation. C'est, en d'autres termes, déclarer que toute l'histoire n'est que de la blague.

Si telle est la conviction de l'auteur, il semble qu'il aurait dû en fournir la preuve et terminer par là une bonne fois ses dissertations à propos de l'histoire. Mais il n'en fait rien. C'est une sentence qu'il prononce sans songer même à la justifier, et il part de là pour se lancer dans l'examen critique des manières différentes d'envisager l'histoire dans l'antiquité et de nos jours. La caractéristique de cette différence consiste suivant lui en ce que les anciens rapportaient tout à la divinité, tandis que les modernes repoussent ce principe. Erreur profonde ! La différence en question tient à ce que les premiers s'imaginaient[1] com-

[1] Ils reconnaissaient pourtant un Destin supérieur à tous leurs dieux, et qu'ils n'avaient pas la prétention de comprendre.

prendre le Principe suprême une fois qu'ils l'avaient baptisé du nom de Jupiter, de Vénus, de Mercure, etc., tandis que les derniers reconnaissent en toute sincérité que ce principe est inaccessible à l'homme et ne s'amusent pas à dépenser leurs forces pour pérorer sur une chose qui est hors de leur atteinte.

Ce manque d'enthousiasme à s'occuper de ce qui dépasse les forces humaines est considéré par Tolstoï comme une négation, et il se met à taper sur les historiens modernes sous prétexte que leurs explications des événements ne tiennent pas debout, — au point de vue de *son idéal bien entendu; — tout cela pour* aboutir à la cause de toutes les causes, que tout le monde sous-entend sans la comprendre et qui n'avance pas d'un cheveu la solution des problèmes de l'histoire.

Le but de cette manœuvre est évident. C'est l'inconsistance manifeste de sa manière d'envisager les causes prochaines des événements qui l'incite à se réfugier dans la citadelle des causes premières, d'où tout lui paraît, — comme lorsqu'on se place au point de vue de l'éternité, — infiniment petit : l'étude la plus approfondie des faits, comme la plus superficille; une tirade de mots aussi bien qu'une production de génie. Au quatrième tome il n'y avait « pas de cause du tout ». Au cinquième et au sixième la cause est trouvée, mais elle est inaccessible à l'intelligence humaine; auprès d'elle toutes les autres causes bien entendu sont également absurdes et également valables; auprès d'elle aussi Napoléon ne s'élève pas au-dessus du dernier de ses soldats, que dis-je ! un peuple entier, la terre elle-même ne sont rien.

Il n'y a qu'un malheur. C'est que, si cette cause est inaccessible à l'intelligence humaine, pourquoi l'auteur s'en préoccupe-t-il? En somme, il ne sait d'elle rien de plus que les historiens auxquels il vient de mettre le nez dans la poussière, c'est-à-dire au fond rien du tout, absolument rien. A moins qu'il ne prétende peut-être à une révélation spéciale du ciel en sa faveur.....

A quoi servirait qu'un métaphysicien vînt nous dire qu'il n'y a qu'un mode de locomotion parfait, celui du tapis enchanté des « Mille et une Nuits », et qu'il partît de là pour faire le procès des voitures, des chemins de fer, des bateaux à vapeur dont nous disposons? Cela n'empêcherait pas ces véhicules de continuer leur petit bonhomme de chemin, de rouler, de voguer comme si de rien n'était et de transporter dans leurs flancs non seulement l'humanité insouciante, mais le métaphysicien lui-même, si éloigné qu'ils soient de la perfection du tapis enchanté.

Ce n'est pas d'hier que Pascal a dit : L'homme n'est ni ange ni bête ; et le malheur veut que qui veut faire l'ange fait la bête. Condamnés à vivre sur cette terre, ni plus haut, ni plus bas, à vivre au milieu d'hommes nos semblables, occupons-nous donc de ce qui se fait autour de nous et au milieu de nous, sans nous lancer à l'escalade de cimes inaccessibles.

Les conclusions auxquelles nous parviendrons, en restant à ce point de vue, ne seront pas d'une sublimité nuageuse, mais en revanche elles seront fertiles en conséquences. Les gens qui mettent leur plaisir à trouver des imperfections partout, prétendront sans doute qu'un savoir aussi relatif n'est pas un savoir. Grand bien leur fasse ! Mais l'expérience est là pour démontrer que cela ne les rapprochera pas d'un cheveu du savoir absolu. Ce n'est pas seulement pour l'histoire, mais dans toutes les sciences humaines, et cela depuis longtemps déjà, que l'on arrive à se convaincre que l'homme est incapable de connaître non seulement les forces primitives, mais même les forces dérivées, dans leur essence. Il ne peut s'en faire une idée que par les phénomènes qu'elles produisent, par leurs manifestations qui tombent sous ses sens. C'est donc de ces phénomènes, de ces manifestations, qu'il doit se préoccuper.

Quelle est la force qui meut les nations ? demande Tolstoï, et il donne à cette question, censément au nom des historiens, une réponse qu'il s'évertue à représenter ensuite comme peu satisfaisante :

« Cette force, nous ne la connaissons pas, auraient pu dire les historiens cités à comparaître devant le tribunal de l'auteur ; mais les observations faites sur la vie des peuples nous montrent qu'elle se manifeste dans l'organisme national par l'intermédiaire des gens qui jouent dans cet organisme le même rôle que le cerveau et les nerfs dans l'individu. Ces gens forment deux catégories : la première comprend les chef d'États, les administrateurs, les dignitaires sacerdotaux, sous toutes leurs dénominations, ainsi que toute la hiérarchie de leurs subordonnés qui pénètre l'organisme national jusqu'à ses dernières ramifications ; à la seconde appartiennent les promoteurs des idées nouvelles et leurs missionnaires. Les premiers concourent à assurer le plus possible la marche régulière de la vie nationale parvenue à une certaine époque de son développement. Les seconds, au contraire, donnent l'impulsion nécessaire pour la transition d'une époque de ce développement à une nouvelle époque de progrès. Il arrive sans doute que ces deux catégories se confondent lorsque, par exemple, le chef de l'État, ou l'administrateur, est en même un *réformateur, comme Pierre le Grand, ou, ce qui est plus rare,* qu'un promoteur d'idées nouvelles devienne un chef d'État ou un administrateur, comme Mahomet.

« Toute transition d'une période de développement à une autre, de même que l'enfantement de toute chose nouvelle, est impossible sans phénomènes morbides. Et plus la transition est brusque, plus le nouvel ordre de choses diffère de l'ancien, plus aussi ces phénomènes sont graves.

« La femme qui enfante traverse une crise terrible qui met parfois sa vie en danger. Même le simple développement d'un organisme déjà existant, qui ne nécessite pas un nouvel enfantement, est accompagné d'un *état morbide* qui peut amener quelquefois la mort. Il en est ainsi dans les organismes collectifs, avec cette différence que chez eux les phénomènes morbides de la croissance et de l'enfantement prennent les noms de guerres, révolutions, insurrections, persécutions, abus de pouvoir, etc... Le monde antique a dû expirer pour se transformer en chrétienté : c'est un exemple d'enfantement accompagné de mort. Quand les États-Unis se sont détachés de l'Angleterre, le nouvel organisme n'a pu naître sans ébranler fortement l'organisme de la métropole ; mais celle-ci est sortie de la crise plus vigoureuse même qu'avant.

« Nous ne consentirons jamais à dire l'absurdité que Tolstoï veut nous imputer, auraient ajouté probablement les historiens, à prétendre que les événements se produisent exclusivement par la volonté des Napoléon, des Alexandre, etc. Mais nous avons soutenu, et nous soutenons, que l'homme créé par les circonstances devient à son tour « une circonstance », qui prend rang dans l'enchaînement des autres, et dont l'importance plus ou moins grande dépend de la situation que cet homme occupe, ainsi que de ses talents personnels. Il n'y a pas le moindre doute que le même homme ne ressente l'influence de la masse ambiante. Mais cette réaction s'exerce sur l'un d'une façon, sur l'autre d'une autre; cela dépend des talents de l'individu, de ses dons innés, aussi bien que de ses qualités acquises en raison des circonstances au milieu desquelles s'est opéré son développement. Si nous expliquons d'une manière différente les uns et les autres sur quoi se fonde la puissance d'une personnalité donnée, cela n'implique contradiction qu'en apparence; car nos explications ne s'excluent pas, mais se complètent réciproquement.

« La tournure de mon esprit et mes prétentions à posséder des talents militaires, aurait pu ajouter Thiers à cette profession de foi, m'obligent à me prosterner devant le génie de Napoléon, et, en bon Français, j'ai cru devoir me taire sur les côtés sombres de mon idole. L'époque à laquelle je vis et qui a mis en évidence tous les côtés fâcheux du bonapartisme, aurait dit Lanfrey, et aussi le besoin de réagir contre les panégyristes à tous crins, ont fait de moi un détracteur; mais je conviens que dans un caractère aussi compliqué il devait y avoir du bon comme du mauvais, et qu'il est impossible d'être porté par le flot du caprice d'un peuple à la hauteur d'un Napoléon, si l'on ne sait pas mettre sa voile du bon côté et gouverner sa barque en perfection. Souvenez-vous, très estimable critique, de ce que dit un grand poète russe de Mazeppa :

Avec quels épanchements menteurs,
Avec quelle bonhomie, dans les festins
Le vieux bavarde avec les vieillards
Et déplore le bon temps passé.
Il vante la liberté avec les indépendants,
Blâme le pouvoir avec les mécontents,
Verse des larmes avec ceux que l'injustice aigrit,
Tient aux sots des discours à leur portée.....

« Que de contradictions en apparence ! Et pourtant il n'en est rien, car tout cela servait au but que Mazeppa s'était fixé. Supposons que les gens auxquels il tenait de pareils discours se fussent imaginé tous d'écrire sa caractéristique; ils se seraient contredits les uns les autres, mais sans que cela dût annuler la valeur de chacun de leurs témoignages. »

Pareillement il n'y a pas de contradiction à ce que les idées de la Révolution aient produit un Napoléon qui, à son tour, les a étouffées, tout comme il n'y a pas de contradiction à ce que les caractères propres à un pays manifestent leur influence sur un homme qui y est né, et à ce que lui, à son tour, arrive à modifier peu à peu ces propriétés. Seulement, cette réaction se produit plus rapidement dans les masses, parce qu'elles sont plus mobiles et plus impressionnables que l'individu.

L'auteur croit faire une très grande concession en reconnaissant qu'il y ait quelque chose de commun entre l'activité intellectuelle et le mouvement des nations. Mais il ne veut admettre à aucun prix que la première dirige le second. « Car, dit-il, des manifestations comme les épouvantables massacres de la Révolution française, découlant de prédications sur l'égalité des hommes, comme des guerres acharnées et des exécutions sans nombre, découlant de prédications sur la fraternité humaine, rendent cette supposition insoutenable. »

Tolstoï, intentionnellement ou inconsciemment, emploie ici un procédé d'argumentation, qui lui est du reste familier, mais est tout à fait inapplicable à des phénomènes complexes. Ce procédé est absolument primitif et n'a de sens que pour la géométrie élémentaire. En tous cas, le voici : Supposons que les idées dirigent les mouvements des nations ; comme l'esprit de tous les hommes agit suivant les mêmes lois, il en résulte que toute idée doit être comprise et acceptée unanimement par tout le monde, c'est-à-dire assimilée dans la vie sans lutte. C'est pourtant tout le contraire auquel nous assistons. Donc l'hypothèse que les idées dirigent les mouvements des nations est absurde. Ou bien, comme plus haut : « Thiers dit que Napoléon était le plus noble des hommes ; Lanfrey prétend que c'était un gredin ». Donc, ces deux assertions se détruisent réciproquement, et ces deux historiens s'annulent.

En un mot : supposons que les angles droits ne soient pas tous égaux ; cette hypothèse conduit à l'absurde ; donc les angles droits sont égaux.

Quand il s'agit de phénomènes mixtes, de questions complexes, la réduction à l'absurde d'une hypothèse quelconque prouve non pas que la proposition inverse soit juste, mais tout simplement que l'étude sur laquelle est basée la première hypothèse n'embrasse qu'une face du problème ; en un mot, qu'après avoir décomposé le phénomène mixte, on n'a plus envisagé qu'une de ses parties composantes, en laissant de côté, consciemment ou non, toutes les autres.

Si, quoique illogique au point de vue de la raison, la lutte est inévitable dans les phénomènes de la vie des peuples, cela ne prouve nullement que les idées aient peu d'importance pour eux, mais qu'il existe encore d'autre forces qui concourent avec elles, parallèlement et simultanément, à la production de ces phénomènes.

Dans le cas présent, l'auteur aurait dû appliquer la méthode employée en physique pour la recherche des lois de l'équilibre. Il fût alors resté dans le vrai et serait arrivé à des conclusions toutes différentes. L'observation vous indique qu'un point suit une certaine direction, et vous voyez que la force qui lui est appliquée, et dont vous vous apercevez, n'a pas la même direction que celle du mouvement. Qu'en concluez-vous ? Que cette force n'a pas d'influence sur le mouvement du point ? Assurément non, mais qu'il est probable qu'une autre force, ou d'autres forces, agissent simultanément et déterminent avec elle le mouvement observé.

Essayons d'appliquer cette méthode à la question que nous examinons, et voyons ce qui en sortira.

L'observation des actions de l'homme fait voir que chacune d'elles est nécessairement précédée d'une pensée qui se traduit extérieurement par l'acte lui-même. Les choses se passent de même pour une nation que pour un individu. Chaque événement de son existence est nécessairement précédé d'un travail intellectuel chez les personnalités qui la représentent et donnent une forme matérielle aux idées qui flottent au sein de cette nation, à l'époque envisagée, et constituent ce je ne sais quoi d'insaisissable, que l'on est convenu d'appeler l'*esprit du temps*.

Les faits les plus éclatants, l'établissement du christianisme, par exemple, prouvent que pour une idée l'homme est capable parfois des sacrifices soi-disant les plus contraires à sa nature, et cela, sans l'ombre d'une hésitation, en y trouvant même une jouissance.

S'ensuit-il que ce soient les idées qui dirigent les individus et les masses ? Si cela était vrai, les actes des uns et des autres seraient conformes aux lois de la pure logique, et il n'y aurait place ni pour les conflits sanglants ni pour les luttes de toute nature qui se produisent dans la pratique, car tous les malentendus seraient résolus par la seule controverse. La science, dont le domaine est purement intellectuel, nous en fournit une preuve palpable. Toute vérité nouvelle est acceptée par elle rapidement, malgré l'opposition qu'elle peut rencontrer au début. On croyait autrefois à la stagnation du sang dans les veines. Un beau jour quelqu'un a découvert la circulation ; on a disputé là-dessus, puis tout le monde s'est mis d'accord. Même histoire avec la pression de l'atmosphère, qui a remplacé l'hypothèse célèbre : « la nature a horreur du vide ». *Idem* pour toutes les autres découvertes. Il y a bien eu aussi des « martyrs de la science » et des savants qui ont frisé « le bûcher », pour n'en citer qu'un : Galilée. Mais cela tenait à ce que l'importance de leurs découvertes s'étendait au delà du champ de la science pure, et touchait à des questions d'un tout autre ordre.

C'est qu'en effet, dès qu'on entre dans la vie concrète, tout change : la réalisation, la mise en pratique, passez-moi l'expression, l'incarnation d'une idée absolument neuve, et même des conséquences directes d'une idée avec laquelle une société, une masse humaine sont depuis longtemps familiarisées, sont accompagnées de phénomènes morbides souvent des plus graves. Il faut donc qu'il y ait une force qui s'oppose à l'adoption des idées par la voie de la logique pure. L'observation nous montre que cette force existe réellement, et que cette force c'est l'intérêt personnel et les passions qui, dès que l'ordre de choses existant est menacé du moindre changement, sans parler de quelque chose de plus sérieux, divisent immédiatement la société en deux camps ennemis : l'un qui vise à établir le nouvel ordre de choses, l'autre qui veut conserver l'ancien. La force intellectuelle qui a provoqué cette situation est impuissante à la résoudre. Ce n'est certainement pas avec des paroles que l'on peut convaincre un adversaire qui a intérêt à ne pas reconnaître le bien-fondé des raisonnements qu'on lui tient. Il n'y a qu'une issue : la lutte, lutte qui peut devenir terrible, si ceux qui prêchent les idées nouvelles sont honnêtement convaincus, énergiques, et si leurs convictions sont saintes et sublimes.

Faut-il donc admettre que ce soient les passions qui constituent la force fondamentale à laquelle on doive attribuer les actes des individus et des masses humaines? Autre erreur, car la lutte ne s'engage jamais qu'au nom de quelque chose; le contraire serait insensé. Qui fournit donc ce « quelque chose » qui est le but même de la lutte? L'esprit. L'esprit et les passions sont donc deux forces qui agissent ensemble et en même temps. Mais il y a encore bien des luttes que l'action simultanée de ces deux forces ne suffirait pas à expliquer, et cela nous conduit à la découverte d'une troisième catégorie de forces, tout à fait indépendantes de l'homme cette fois, mais qui ont une puissante influence sur la classe de phénomènes que Tolstoï appelle les mouvements des nations. Ce sont les forces de la nature : l'influence sur les masses du climat, de la situation géographique, du travail intime des causes ethnographiques et économiques, qui imprime une direction spéciale aux instincts, au tempérament, aux mœurs, aux inclinations et aux aptitudes des races et des peuples.

C'est dans ce jeu compliqué de forces qui accompagnent tout fait nouveau qu'il faut chercher la clef de l'énigme, de l'impossibilité pour une idée quelconque d'arriver à sa complète réalisation, vérité si justement exprimée par le dicton français : rien n'est plus faux qu'un fait.

On conçoit aussi par là qu'exiger une explication du lien qui existe entre les idées et les masses, comme le fait Tolstoï, c'est la même chose qu'exiger l'explication du lien entre la pensée qui vient dans la tête d'un homme et cet homme lui-même, entre l'action à laquelle il se décide pour réaliser cette pensée et la pensée elle-même, etc.

Suivant son habitude, l'auteur, après le raisonnement, a recours à la comparaison. Un bateau à vapeur est en marche; un paysan ignare attribue son mouvement au diable, un autre au mouvement des roues, un troisième à la fumée qui sort de la cheminée. L'explication des phénomènes de la vie nationale par l'influence des idées ressemble, dit Tolstoï, à l'explication du mouvement du bateau à vapeur par la fumée. Nous laissons au lecteur le soin de décider si la comparaison mérite d'être prise au sérieux, et si elle n'est pas plutôt un truc enfantin pour tromper l'attention.

Quant aux raisonnements qui viennent ensuite, il a été au-dessus de nos forces d'y suivre le fil de la pensée de l'auteur, de deviner ce qu'il veut dire et même s'il veut dire quelque chose. Les lecteurs auront peut-être plus de chance et découvriront dans les dissertations de Tolstoï le sens profond qui s'y cache. Nous ne l'avons point découvert. Une répétition perpétuelle du même refrain, seulement sur un air différent; une tendance que rien ne justifie à douter des faits les plus évidents; de belles phrases sonores, mais vides; des questions arbitrairement posées, suivies de réponses abominablement tirées par les cheveux; enfin des comparaisons qui ne s'appliquent pas; tout cela, à ce qu'il nous a semblé du moins, se déroule à perte d'haleine sans la moindre liaison logique. On ne voit qu'une chose, c'est que Tolstoï s'évertue à tomber tous les historiens; mais en même temps, il ne fait que tourner autour du pot sans rien dire nettement et clairement.

Il bombarde le lecteur abasourdi, absolument désorienté d'une grêle de vérités dans le genre de celles-ci, par exemple : que la source du pouvoir ne réside pas dans une personnalité, mais dans ses rapports avec les masses, que la vie des nations ne peut pas s'encadrer dans la vie de quelques personnages [1], sous ce prétexte original que le lien entre ces quelques personnages et les nations n'est soi-disant pas trouvé; qu'aucun ordre n'est jamais le résultat d'une résolution spontanée et n'embrasse jamais une série complète d'événements, mais correspond seulement à un moment d'un seul événement. Comment se reconnaître au milieu de ce brouillard, de ces nuages métaphysiques? Quel est le but de tout cela? Serait-ce donc seulement « le désir d'écrire quelque chose que personne n'a jamais écrit avant lui » suivant l'expression d'un des héros de Tourguénieff?

A la dernière des vérités banales qui précèdent, Tolstoï rattache tout à coup la proposition suivante : Napoléon n'a pas pu ordonner la campagne de Russie et ne l'a pas ordonnée par la raison, voyez-vous, que l'idée de la campagne de Russie a provoqué des millions d'ordres et qu'une foule d'entre eux n'ont pas été exécutés. Permettez, y a-t-il quelque chose de plus simple que de commander le dîner le plus simple? Et pourtant il faut plus d'un mot pour produire cette chose si simple. Il faut indiquer les plats, les emplettes à faire, le nombre des personnes et donner

---

[1] C'est une chose qu'on peut admettre, comme on peut admettre aussi, par exemple, qu'on ne peut pas loger tout l'homme dans le cerveau humain; mais, faire reposer la démonstration d'un pareil lieu commun sur ce que le lien entre les personnalités dirigeantes et les masses n'est pas trouvé, n'eût été, il me semble, admissible que si ces personnalités eussent été d'une race particulière et non des hommes comme les autres.

ou faire donner de l'argent. En résulte-t-il qu'on n'a pas commandé le dîner s'il arrive qu'on ne le prépare point parce que le cuisinier s'est soûlé ou pour un autre motif quelconque?

L'auteur s'est contenté de découvrir cette propriété évidente des idées et des actions qu'aucune d'elles n'est simple et que chacune résulte de la combinaison d'un certain nombre d'idées et d'actions particulières. Enchanté d'avoir trouvé ça, il s'en est tenu là et refuse d'admettre l'existence des idées et des actions générales pour pouvoir dire que les personnages soi-disant historiques ne poursuivent aucune idée définie, lancent au hasard et à l'aventure, comme dans un cauchemar, une masse d'ordres de toute nature, tendant aux buts les plus divers et les moins déterminés.

Une partie de ces ordres est exécutée. Mais le plus grand nombre restent en souffrance. Tolstoï pense que tout ordre *exécuté n'est qu'une exception sur une énorme quantité d'ordres qui ne le sont pas*. Comme il finit tout de même par sortir quelque chose des quelques ordres qui sont exécutés, c'est ce quelque chose que les historiens appellent le but que les personnalités dirigeantes s'étaient fixé d'avance.

Et pourtant les historiens n'ont pas substitué à la descente en Angleterre et à l'enveloppement de l'armée française sur la Bérézina, qui ne se sont point réalisés comme on sait, d'autres buts quelconques. Ce qu'il y a de plus fort, c'est qu'en ce qui concerne le second de ces projets, l'auteur fait lui-même la substitution du but après coup en affirmant que l'intention de couper les Français n'a jamais existé et qu'on n'a jamais pensé qu'à une chose, c'est à les chasser de Russie.

« C'est de la série incalculable des ordres de Napoléon non exécutés qu'est sortie la série des ordres exécutés pendant la campagne de 1812, non pas parce que ces ordres se distinguaient en rien des autres, mais parce qu'ils formaient une série concordante avec celle des événements résultant de la présence des troupes françaises en Russie ». En voilà une logique, et le style est à l'avenant : c'est de la *série incalculable des ordres non exécutés* qu'est sortie la série des ordres exécutés... Autant du chinois.

Mais buvons le calice jusqu'à la lie : « De façon que si l'on examine dans le temps le rapport des ordres et des événements, on trouve que l'ordre ne peut dans aucun cas être la cause de l'événement[1], quoiqu'il existe entre le premier et le second une certaine dépendance. » — Que les simples mortels appellent le rapport de cause à effet, ajouterons-nous pour notre part.

Une phrase plus loin :

« Ce rapport de celui qui ordonne à ceux qui reçoivent ses ordres est précisément ce qu'on appelle le pouvoir ».

Une page plus loin :

« C'est ce rapport des personnalités qui ordonnent à ceux qui reçoivent leurs ordres qui constitue l'essence même de cette idée qu'on nomme le pouvoir ».

Répète, répète. A force de répéter, on finira par te croire. Il y a cependant un écart entre les deux définitions : c'est que, dans la première, le pouvoir est considéré comme un fait concret, et que, dans la seconde, il est seulement envisagé comme idée.

Après une série de variations sur le même thème, l'auteur arrive aux conclusions suivantes : « Les ordres sont rarement exécutés. Ce sont ceux qui les donnent qui participent le moins aux événements ». C'est un rôle bien étrange que le leur, suivant Tolstoï. Il n'aboutit à rien. Quel malheur que l'humanité ait vécu six mille ans avant d'avoir la veine de tomber sur cette merveilleuse découverte, autrement elle aurait pu jeter bien du lest inutile par-dessus bord.

L'auteur n'a garde de la lâcher, sa merveilleuse découverte. Il la mâche et la remâche et la retourne par tous les bouts. Des paysans portent une poutre : « Celui d'entre eux dont les mains étaient le plus occupées, était aussi celui qui pouvait le moins penser à ce qu'il faisait, le moins combiner ce qui pouvait résulter de l'effort commun, le moins commander aux autres. Celui qui les dirigeait, occupé de parler (remarquez bien : pas de penser, de parler seulement), était évidemment aussi celui qui pouvait le moins faire avec ses mains. »

Même ritournelle un peu plus loin. Mais cette fois, c'est un bateau qui marche devant lequel il y a, comme toujours, une

---

[1] Qu'est-ce qui en a jamais douté ? Tout le monde est d'accord pour affirmer que les circonstances provoquent l'événement et que la série des ordres constitue l'analyse de l'idée fondamentale de l'événement qui doit se produire.

vague « qui écume à la proue et semble de loin s'avancer par sa propre impulsion et même diriger le mouvement du navire(!) » Il faut une lunette avec des verres enchantés pour voir tout cela. La vague ne fait pas corps avec le navire, comme une masse et celui qui la commande. Voilà où l'on en arrive pourtant...

Pour terminer la série de ses essais de métaphysique, Tolstoï dit entre autres :

« Sous le rapport moral, la cause de l'événement c'est le pouvoir; sous le rapport physique, ce sont ceux qui obéissent à ce pouvoir. Mais comme toute activité morale implique nécessairement une activité physique (et réciproquement, dirons-nous), la cause de l'événement n'agit ni dans l'une ni dans l'autre en particulier, mais dans l'ensemble de toutes les deux ».

« Ou, en d'autres termes, l'idée de cause est inapplicable au phénomène que nous examinons ».

Voilà une traduction bien libre de l'idée précédente, si libre que nous sommes incapable d'apercevoir la moindre liaison logique entre la traduction et l'idée originale. La cause du phénomène gît dans l'action commune de deux forces; par conséquent, l'idée de cause ne lui est pas applicable. C'est tout bonnement absurde, à moins qu'il ne se cache là-dessous quelque sens secret, inaccessible aux profanes.

Plus loin, l'auteur traite du libre arbitre de l'homme et de la loi de la fatalité. C'est encore le même genre; dans la dernière partie, les scènes font complètement défaut; il n'y a plus que des raisonnements étranges et souvent même tout à fait incompréhensibles qui ne font qu'alourdir inutilement une œuvre littéraire de ce genre.

Si l'auteur est incapable de se retenir, si doué de facultés imaginatives très remarquables, il aime mieux se lancer dans la métaphysique, alors il aurait bien fait de prendre au moins la peine de se familiariser davantage avec les méthodes des études théoriques, afin de les appliquer avec plus de compétence aux questions qu'il examine. Avec la seule méthode géométrique de réduction à l'absurde, on ne peut pas aller très loin. L'auteur est bien arrivé déjà à se rendre compte que, pour étudier une question quelconque, il faut la décomposer en ses éléments constitutifs. Mais il n'est pas parvenu encore à s'apercevoir qu'il faut recomposer ensuite ces éléments, c'est-à-dire passer de l'analyse à la synthèse. C'est pour ce double motif (raisonnement géométrique par l'absurde et analyse sans synthèse) que tout chez lui se dissout, se contredit, et il s'imagine qu'il n'en peut être autrement. Il sent pourtant qu'il y a là quelque chose qui cloche et c'est ce qui le porte aux extrêmes et à se lancer dans l'inaccessible. En un mot, ne voyant pas la cause de cette dissonance (car elle est en lui-même), il se tranquillise en pensant que cette cause est en dehors de la portée de l'homme. Les réactifs de l'esprit sont comme ceux de la chimie : pour bien les employer, il faut connaître leurs propriétés; sinon on parvient bien encore à décomposer tant bien que mal, mais on ne sait pas composer.

C'est précisément ce qui est arrivé à Tolstoï. Comme le lecteur se le rappelle, pour lui le lien entre les coryphées et les masses est encore à trouver. Il en est de même du lien entre les idées dominantes à une époque déterminée et ces mêmes masses. Des ordres qui visent manifestement la réalisation d'un seul et même but n'ont entre eux, d'après lui, rien de commun, etc. Cela ne vous fait-il pas penser à un chimiste qui, ne sachant comment composer de l'eau, après avoir su la décomposer, s'imaginerait de déclarer qu'il n'existe pas d'eau dans la nature, qu'il n'y a que de l'oxygène et de l'hydrogène, gaz absolument différents par leurs propriétés et n'ayant entre eux rien de commun.

PARIS. — IMPRIMERIE L. BAUDOIN, 2, RUE CHRISTINE.

www.ingramcontent.com/pod-product-compliance
Ingram Content Group UK Ltd.
Pitfield, Milton Keynes, MK11 3LW, UK
UKHW021548260726
13993UKWH00002B/709

9 782019 709167